Uma criança de cada vez
educação emocional e liderança

Catalogação na Fonte
Elaborado por: Josefina A. S. Guedes
Bibliotecária CRB 9/870

B674c
2019

Bogado, Laureano Guerreiro
 Uma criança de cada vez: educação emocional e liderança / Laureano Guerreiro Bogado. - 1. ed. - Curitiba: Appris, 2019.
 127 p. ; 23 cm

 Inclui bibliografias
 ISBN 978-85-473-2816-0

 1. Educação. 2. Liderança. I. Título.

CDD – 370

Livro de acordo com a normalização técnica da ABNT

Editora e Livraria Appris Ltda.
Av. Manoel Ribas, 2265 – Mercês
Curitiba/PR – CEP: 80810-002
Tel: (41) 3156 - 4731
www.editoraappris.com.br

Printed in Brazil
Impresso no Brasil

Laureano Guerreiro

Uma criança de cada vez
educação emocional e liderança

Editora Appris Ltda.
1.ª Edição - Copyright© 2019 do autor
Direitos de Edição Reservados à Editora Appris Ltda.

Nenhuma parte desta obra poderá ser utilizada indevidamente, sem estar de acordo com a Lei nº 9.610/98.
Se incorreções forem encontradas, serão de exclusiva responsabilidade de seus organizadores.
Foi realizado o Depósito Legal na Fundação Biblioteca Nacional, de acordo com as Leis nos 10.994, de 14/12/2004,
e 12.192, de 14/01/2010.

FICHA TÉCNICA

EDITORIAL	Augusto V. de A. Coelho
	Marli Caetano
	Sara C. de Andrade Coelho
COMITÊ EDITORIAL	Andréa Barbosa Gouveia (UFPR)
	Jacques de Lima Ferreira (UP)
	Marilda Aparecida Behrens (PUCPR)
	Ana El Achkar (UNIVERSO/RJ)
	Conrado Moreira Mendes (PUC-MG)
	Eliete Correia dos Santos (UEPB)
	Fabiano Santos (UERJ/IESP)
	Francinete Fernandes de Sousa (UEPB)
	Francisco Carlos Duarte (PUCPR)
	Francisco de Assis (Fiam-Faam, SP, Brasil)
	Juliana Reichert Assunção Tonelli (UEL)
	Maria Aparecida Barbosa (USP)
	Maria Helena Zamora (PUC-Rio)
	Maria Margarida de Andrade (Umack)
	Roque Ismael da Costa Güllich (UFFS)
	Toni Reis (UFPR)
	Valdomiro de Oliveira (UFPR)
	Valério Brusamolin (IFPR)
ASSESSORIA EDITORIAL	José Bernardo dos Santos Jr.
REVISÃO	Andrea Bassoto Gatto
PRODUÇÃO EDITORIAL	Giuliano Ferraz
ASSISTÊNCIA DE EDIÇÃO	Suzana vd Tempel
DIAGRAMAÇÃO	Jhonny Alves dos Reis
CAPA	Lucas Andrade
COMUNICAÇÃO	Ana Carolina Silveira da Silva
	Carlos Eduardo Pereira
	Igor do Nascimento Souza
LIVRARIAS E EVENTOS	Milene Salles | Estevão Misael
GERÊNCIA COMERCIAL	Eliane de Andrade
GERÊNCIA DE FINANÇAS	Selma Maria Fernandes do Valle

Ao meu avô, Carlos Guerreiro Bogado, amor maior de toda esta existência. Eu vejo você...

Ao meu pai, José Guerreiro Bogado, gratidão pela coragem de cumprir o seu destino com tanta força e presença...

À minha mãe, Irene Marques Bogado, professora apaixonada pelas crianças! Honro você, mãe, ao olhar para cada criança em minhas escolas...

AGRADECIMENTOS

Ao Dr. Stephen Covey e a Franklin Covey, pela inspiração extraordinária que o trabalho de liderança tem produzido em muitas escolas no Brasil e no mundo.

A Bert Hellinger, suas percepções e vida impactaram minha história pessoal e de todos nas comunidades escolares onde sirvo, como professor, orientador e mantenedor. Nos muitos livros e seminários, com Bert Hellinger aprendi a olhar com mais amor e respeito para as famílias e suas histórias.

À Marianne Franke-Gricksch, com quem aprendi muito, em vários dias de aulas e constelações das minhas escolas. Seu livro está totalmente integrado ao nosso trabalho na escola, cotidianamente. Meu aprendizado com ela está presente em todas as páginas...

A Décio Fábio e Wilma, meus professores nos treinamentos em constelações familiares. Estão igualmente presentes nas falas e exemplos, e impactaram todo o meu trabalho nesses últimos anos. Com eles estive presente em centenas de constelações familiares, essenciais para ampliar minha percepção e conduzir o meu trabalho com as famílias.

À Hellen Vieira da Fonseca, minha amiga querida e professora, nos cursos de Educação Sistêmica do Idesv, em São Paulo e Pindamonhangaba. Está sempre comigo nos atendimentos, aulas e intervenções sistêmicas. Quase tudo o que fazemos na escola está de alguma forma conectado ao seu trabalho com nossa equipe. Gratidão pelo tempo disponibilizado, orientando a mim e a nossos coordenadores e professores, pelas longas mensagens de WhatsApp.

À Maristela San Martim, parceira sempre presente e incansável, coordenadora de ensino fundamental I, no Anglo de Pindamonhangaba, que sempre aceita o desafio dos novos projetos.

À Sonia Castro, diretora da unidade de educação infantil e fundamental, sempre atenta, em nossas conversas, ao desafio de olharmos para a alma das crianças e para os sistemas familiares.

Ao César Garcia de França, nosso diretor na unidade I, que acompanha e apoia nossas ousadias pedagógicas, presença fundamental para a alma da escola.

Aos coordenadores e orientadores educacionais, Fernanda Piorino (fundamental I), Natércia Ciotto (fundamental II), Patrícia Evelyn (fundamental II), Bruna Ramalho (ensino médio), Denise Pacheco (ensino médio) e Lilian Mota (infantil e fundamental, da Unidade II do Anglo em Pindamonhangaba).

A toda a equipe de professoras e professores, que, realmente, tornam nossa escola um lugar de aprendizado.

Aos pais e a todas as famílias... Também são parte da nossa alma. Gratidão pela enorme confiança.

Aos meus sócios, Vidal Serpa, Marcelo Torres e Valencio Geraldo, pela confiança, seriedade, competência e propósito na condução das escolas em que dividimos nossas responsabilidades...

Aos meus pais e irmãos, pela vida comum, pelas tantas histórias, pelo fluxo ininterrupto de amor. A todos os ancestrais, presentes em mim e nos filhos: obrigado!

A Anna, pelos nossos filhos, maior presente desta existência: Giulia, João e Ananda.

PREFÁCIO

UMA CRIANÇA DE CADA VEZ

Decio Fábio de Oliveira Júnior

Para o Laureano Guerreiro

23 de agosto de 2018

Ao receber o convite para este prefácio, senti-me honrado e feliz. A jornada que me permitiu receber esse convite começou há quase 20 anos, com as dificuldades que eu tinha com o meu filho pequeno, gêmeo, de quatro anos. Era um menino rebelde, que não aceitava comandos. E eu, muitas vezes, sem saber lidar com isso, batia nele, já sem mais recursos. A busca por uma solução para esse problema me levou até as constelações. Depois me fez querer aprender mais sobre elas; depois, a organizar cursos para o Hellinger e outros consteladores alemães; depois, fazer com meus sócios e minha mulher a Editora Atman; depois, fundar o Idesv – nosso instituto –; e, depois, continuar levando a abordagem sistêmica e suas leis simples a todos os âmbitos possíveis.

Eu fui uma criança difícil no meu primeiro ano escolar. Fui o primeiro a aprender a ler na sala. E ficava profundamente entediado com aquilo que para mim parecia um tempo interminável até que o restante da turma aprendesse o suficiente para a professora "trocar o cartaz". Eu era mais novo do que todos os outros alunos. Eu pedia para sair da sala, ia para o pátio da escola sozinho e ficava pulando lá, voltava, andava pelos corredores... Hoje em dia eu seria considerado hiperativo, mas na minha época esses diagnósticos não existiam e eu tinha uma professora amorosa, compreensiva e vocacionada. Ela me ajudou. Ela me viu. Ela me entendeu e me permitiu sair do preconceito para uma visão de mim mesmo como alguém de valor, embora diferente dos outros de várias formas, embora único. Depois desse primeiro ano na escola, eu passei a me dedicar muito aos livros e ao estudo. Tornei-me um aluno muito dedicado e brilhante.

Eu devo isso à minha amada professora de primeiro ano primário – Maria Eloiza Galvão.

Então, o que isso tem a ver com o livro do Laureano? Ele nos mostra exatamente o que essas duas histórias que eu contei me mostraram:

1 Que aprendemos com nossos filhos e com as crianças em geral. Elas nos mostram, por meio de seu comportamento, aquilo que está em desordem numa família. Nesse sentido, elas são os nossos grandes professores.

2 Que os professores numa escola são capazes de impactar enormemente o destino das crianças quando conseguem ver cada uma delas como um indíviduo único, com necessidades, habilidades e capacidades próprias.

As explicações aqui narradas, bem como a riqueza das experiências contidas nas perguntas e depoimentos, refletem o quanto esses princípios sistêmicos são simples e ligados à prática mais cotidiana da escola. E como podem ser usados para uma transformação profunda e, ao mesmo tempo, diária e corriqueira da escola, especialmente no que tange ao relacionamento com as famílias e seus representantes diretos na escola: as crianças!

Tendo lido o trabalho original do Dr. Covey na minha juventude e lido aqui a forma como este trabalho foi conduzido por meio do programa "o líder em mim", surpreendeu-me e encantou, e perceber como o trabalho sistêmico aí inserido pode potencializar ambos os métodos me fez acreditar mais uma vez que o caminho verdadeiro se mostra verdadeiro por intermédio de muitas facetas, assim como Jesus dizia: "A casa de meu pai tem muitas moradas". Assim, podemos, quem sabe, incluir a visão do que é diferente como algo que enriquece a todos, ao invés de lutarmos por uma verdade que sempre quer excluir o outro e invalidar seu caminho.

Não poderia deixar de manifestar aqui também meu orgulho como professor pelo modo simples, personalíssimo e claro com que o meu aluno Laureano compreendeu e tem levado adiante os conceitos que lhe foram passados por meio de nosso instituto, o Idesv. Isso ressalta que há um caminho ainda maior pela frente, que permitirá beneficiar muitos outros alunos e professores ao longo do tempo que virá com o método sistêmico aplicado às escolas, e reforça nossa responsabilidade com o presente e o futuro de nossa comunidade, nação e mundo.

Àqueles que lerem este livro, estejam certos de estarem levando um tesouro para suas vidas.

Brasília, 23 de agosto de 2018

Décio Fábio de Oliveira Júnior

Diretor do Instituto de Desenvolvimento Sistêmico para a vida – IDESV

www.idesv.com.br

APRESENTAÇÃO

Este livro nasceu a partir de dois projetos que se encontraram: "O líder em mim", programa inspirado no best seller do Dr. Stephen Covey, *Os sete hábitos das pessoas altamente eficazes*, e a pedagogia sistêmica, inspirada nas percepções geniais de Bert Hellinger, educador e filósofo alemão. Covey e Hellinger encontram-se presentes em nossa escola, o Anglo de Pindamonhangaba.

Somos uma Escola Farol no programa de liderança, uma escola com a missão de inspirar e servir de modelo para outras experiências educacionais.

Nessa escola, ao longo de mais de 16 anos, nossa equipe tem avançado na direção de uma comunidade de aprendizagem inclusiva, na qual praticamos a empatia, a sinergia e estamos construindo um trabalho de respeito e de inclusão das famílias, condição essencial para que as crianças aprendam e desenvolvam-se com alegria.

O que aprendi de essencial nesses anos todos à frente de uma equipe tão grande e complexa? Que somos pessoas comuns! Todos nós somos extraordinariamente comuns. Carregamos as mesmas dores, feridas, potencialidades e luminosidade de todos os seres humanos. Não somos melhores, nem piores. Nessa visão, adquirimos força para dialogarmos com a diferença, para respeitarmos as histórias das famílias, para olharmos com respeito para crianças e adolescentes. Nossa tarefa e missão é enriquecer e ampliar os relacionamentos, reduzindo os ruídos que julgamentos e distorções morais criam nas comunidades escolares. Há quem diga que a escola não é a mesma de antigamente. Os alunos são fracos, desinteressados, mais dispersos e não comprometidos... Permito-me discordar dos saudosistas. As crianças e adolescentes trazem um brilho extraordinário no olhar. Podemos contribuir para que esse brilho aumente pela beleza das relações, ou matar a sede de aprendizagem e de criatividade.

As crianças amam a escola. Amam e admiram os professores e colaboradores. Isso é o que eu vejo. Quando não estão disponíveis, encontramos muitas dificuldades. Mas se estão "bem" em suas vidinhas e famílias, ou se encontram respeito pelas suas dificuldades, elas se abrem e confiam.

Neste livro há algumas histórias narradas por quem está em sala de aula, no atendimento a alunos e famílias. São depoimentos que sempre desejei levar para outras escolas e profissionais.

O melhor é podermos compartilhar nossa alegria em estarmos numa escola. Não é para mim um sacerdócio ou missão especial. É uma experiência de profunda alegria poder conviver com crianças e adolescentes, e experimentar todos dias "a eterna novidade do mundo", como dizia o poeta.

Eu nasci em uma escola. Era uma casa grande de fazenda. Minha mãe era professora de todas as turmas de fundamental I. Todos estudavam na mesma sala. Meu pai ajudava, principalmente nas aulas de Matemática, sem nunca ter estudado formalmente. Fui o quinto e último filho. De todos os filhos fui o único a não estudar com meus pais. Entrei na escola com sete anos e meio, sem saber ler ou escrever... Mas dormia no colo de meu pai, dentro de uma sala de aula. Nunca mais deixei a escola.

Hoje, como professor e mantenedor de escolas em Pindamonhangaba e Lorena, posso honrar meus pais e servir às pessoas que todos os dias encontram uma maneira diferente de enfrentar tantos desafios que se apresentam em nosso ofício.

Este livro nasceu de um colóquio ocorrido nas noites de 24 e 25 de abril de 2018, no Anglo de Pindamonhangaba. Atenderam ao convite desse diálogo cerca de 55 pessoas de nossa comunidade. A eles, a minha mais profunda gratidão e respeito. Cada palavra, conceito e construção mental carrega algo da alma de cada um que esteve presente.

Agradeço a todos os profissionais que estiveram envolvidos nesta produção: Maristela San Martim, Fernanda Piorino e Natércia Ciotto; especialmente ao Carlos Coelho, competente, generoso e grande amigo de jornada, que transcreveu e revisou todo o material do colóquio; e ao Matheus Garbin, ex-aluno e videomaker talentoso e dedicado, que fez a captação do som e imagem.

SUMÁRIO

INTRODUÇÃO 17

    O líder em mim: um programa de liderança 22

    Cuidar das relações 24

VITÓRIA PARTICULAR O MEU LUGAR, O NOSSO LUGAR 27

    A família...27

    As crianças e a sala de aula..34

    A escola 39

    Perguntas e depoimentos 41

    O educador secreto 55

    A inclusão...62

    Concordando com o destino das crianças 68

    Os professores 75

VITÓRIA PÚBLICA O NOSSO LUGAR, O NOSSO SERVIR 79

    Continuum da maturidade...79

    Paradigma da abundância 84

    Equilíbrio e compensação..86

    A empatia 93

OS CINCO CÍRCULOS DO AMOR..115

    Primeiro círculo: os pais..116

    Segundo círculo: a infância e a puberdade 118

    Terceiro círculo: o casal 120

    Quarto e quinto círculos: os filhos e o mundo 122

REFERÊNCIAS...127

INTRODUÇÃO

É uma alegria enorme olhar e estar ao lado das crianças. Cada criança é única em suas capacidades; é algo muito precioso, num mundo em que vamos perdendo o nosso rosto, ficando todos muito parecidos, olhar o que é próprio em cada ser humano. Enxergar cada criança como única é também a capacidade de percebermos nossa singularidade, de também experimentarmos nossa história.

Então, os muitos encontros que temos em uma escola são, para mim, preciosos, principalmente neste momento, em que experimentamos uma abertura tão grande para um outro olhar na educação formal. Para olharmos a alma das crianças... O que fazemos aqui neste espaço? Esta escola é Farol.

Ser uma Escola Farol, em um lindo programa de liderança, significa essencialmente que iluminamos algo, muito além do desenvolvimento acadêmico, muito além da educação formal. Nesse contexto, as crianças adquirem força para fazer a diferença, não só academicamente, mas como seres humanos, como cidadãos. Aqui, um programa de liderança, como "O líder em mim", traz algo muito valioso. Por meio do Olem, olhamos a escola, a família e todos os colaboradores envolvidos nessa relação, de um ponto de vista sistêmico.

Quando olhamos para a escola, o que vemos?

A escola é um espaço de alegria. A escola é um espaço de tristeza. A escola é um espaço em que há sofrimento, celebração. A escola é um espaço de aprendizado, de desenvolvimento, de descoberta, de encantamento. Na verdade, a escola é um espaço humano, extremamente complexo e multidimensional, porque todos nós, diretores, coordenadores, professores, colaboradores, crianças, pais... Todos nós, que vivemos nesse espaço, trazemos as nossas histórias. As nossas histórias estão "linkadas" a essas dimensões todas. Assim, somos um espaço rico, contraditório, complexo.

Na base de toda essa complexidade está aquilo que a gente chama de afetividade. Hoje, sabemos que não é possível ter conhecimento sem afeto. Não é possível ter conhecimento sem a afetividade que permeia as relações. Porque, na verdade, o que nós experimentamos no nosso dia a dia é justamente a relação. Somos seres de relacionamento. E na base desse relacionamento está o afeto.

Ensinamos Língua, Matemática, Biologia, História, Geografia, Artes; tudo o que está no nosso currículo acadêmico. Mas o que realmente fica é o relacionamento: relações de alma para alma. Um campo muito vasto e muito profundo.

A experiência da escola é rica quando nós pensamos, essencialmente, em tudo que está envolvido dentro do campo do conhecimento.

As crianças sofrem e se alegram com as histórias comuns das famílias. Qual criança não teve uma perda? Qual criança não teve que enfrentar uma separação? Qual criança não perdeu um avô? Que não teve uma mãe na UTI? Que não sofreu um acidente? Qual criança não perdeu um amigo, não sofreu um processo abrupto de mudança? Qual professor, qual professora, qual diretor, qual coordenador não atravessou um momento difícil, de sofrimento emocional? Essas questões atravessam a nossa vida, atravessam a nossa escola. Não impedimos que isso atravesse também o espaço cognitivo, o espaço de aprendizagem.

Dessa maneira, sabemos que qualquer aprendizagem passa pelo aspecto da cognição afetiva. A relação que estabelecemos, de respeito e de abertura, para as múltiplas histórias que cada criança traz para a escola, é o que vai construir, de fato, um tecido para que essas crianças aprendam.

Quando olhamos para a alma das crianças, ficamos ao lado de cada uma delas; assim, temos uma possibilidade de sentir e perceber que todos nós estamos olhando para algo ou alguém, para uma experiência que está ocupando nosso coração.

Abordamos muito a importância dos aspectos emocionais na educação escolar.

Não existe uma educação que não seja emocional. A educação é emocional em toda a sua plenitude; todos estamos conectados a um vasto campo onipresente de emoções. As emoções são o que nos move.

Emoção... Aquilo que nos move. E esse movimento está no nosso corpo, na nossa alma e em nossa mente. Apesar de toda a separatividade que a nossa cultura produziu nos últimos 500 anos – mente, corpo, análise, pensamento –, nada está separado quando entramos em uma sala de aula e estamos diante das crianças.

E é importante percebermos que todo esse contexto de mente, corpo e emoção compõe algo muito profundo: o como, a postura interna, um lugar de percepção das crianças, que está em nós, internamente, os cuidadores e professores.

Eu quero compartilhar uma imagem com vocês... Quando falamos de uma criança de cada vez estamos em um campo mais profundo de percepção da direção para onde olha a alma de uma criança, sua clara noção do que acontece ao redor, muito além das nossas racionalizações. Recentemente, eu atravessei uma fase extremamente difícil. E quando falo em dificuldade, eu me refiro a atravessar momentos em que você é confrontado com tudo aquilo que você precisa enxergar para continuar seguindo o seu caminho. Mas, muitas vezes, o nosso domínio interior é muito pequeno, bem reduzido. Então, às vezes, você está no seu pior momento. Às vezes, você está olhando para uma desistência. Às vezes, você está olhando para a própria morte.

Então, uma criança de seis anos, no caso, a pequena Ananda, a terceira filha que a Vida nos concedeu, pinta e me entrega uma imagem absolutamente alquímica.

Nos momentos mais difíceis que eu atravessei nos últimos tempos, a percepção da pequena é de total clareza do abismo que o pai experimenta em seu espaço interior.

As crianças olham para o nosso sofrimento. As crianças olham para a nossa alegria. E elas traduzem isso de uma forma ampla, bonita. Quando Ananda me entregou o desenho me dizendo, naquele instante de dor, "Fiz este desenho para você", eu, de pronto, pensei: "Como a alma das crianças é rica, generosa e perceptiva". Mas o meu coração foi arrebatado pelo amor da criança, capaz de tudo para tirar o pai daquela dor...

FIGURA 1: DESENHO QUE ANANDA (MINHA FILHA CAÇULA DE SEIS ANOS NESTE MOMENTO DO DESENHO) FEZ PARA MIM, SENTADA SILENCIOSAMENTE AO MEU LADO ENQUANTO EU MEDITAVA. ESTAVA TOMADO PELO SOFRIMENTO E PELA ANGÚSTIA, LUTANDO INTERNAMENTE PARA NÃO DESISTIR DE TUDO...
FONTE: o autor

Como não estarmos atentos a esses movimentos das crianças? Uma criança de educação infantil não se move pela mente. É uma criança que se move pelo corpo, pela sua alma...

Sistemicamente, o nosso corpo está todo conectado – nossos órgãos, nossa pele, nosso olhar, nossa audição, nossos sentidos. As crianças captam a dor, a alegria das pessoas da sua família, do seu sistema, mas também de todos nós dentro da escola. E quando elas chegam à nossa sala para aprender, não são simplesmente crianças dotadas de uma capacidade cognitiva, são seres altamente perceptivos.

Então, isso faz toda a diferença. Essa imagem da Ananda foi um print do avesso da minha alma num determinado momento... Que generosidade profunda, o amor profundo que move os filhos em relação aos pais.

Agora, se as crianças amam profundamente seus pais e captam a alma de seus pais, como é para nós, professores e cuidadores, olhar essa criança quando está diante de nós? E mais ainda, como enxergar, atrás das crianças, atrás dos adolescentes, esse amor para onde eles olham? Que eles trazem consigo para a escola?

A pedagogia sistêmica é uma postura – um movimento no qual olhamos para onde as crianças e os adolescentes olham.

Olhar para esse amor vasto que é, de fato, uma ressonância das crianças com os pais, com os avós, com os professores, com os colegas. É extraordinário olharmos com atenção e respeito para a forma como o sofrimento de uma criança afeta todo campo de uma sala de aula, como o sofrimento de uma criança modifica a forma como nós chegamos e saímos da escola. Quando uma criança está indisponível, como ela afeta todo o campo de relacionamentos em uma classe. E por que isso ocorre? Porque uma criança entra em ressonância com todas as crianças. O que é o fenômeno da ressonância?

O fenômeno da ressonância nada mais é do que uma percepção e conexão corporal que reverbera nas nossas emoções, na nossa mente. Essa percepção nos conecta às redes nas quais estamos inseridos. Ocupamos um lugar nas redes de relacionamentos... Fazemos parte de múltiplas redes. A ressonância é como podemos afetar e sermos afetados pelo campo de relações aos quais pertencemos. Esse é um processo inconsciente, pois somos afetados e afetamos, o tempo todo, todos ao nosso redor.

Olhar para o movimento das crianças é um movimento essencial. Percebermos o que essas crianças trazem. Entendermos o que nossos filhos trazem. Principalmente, entendermos que quando as crianças chegam na escola com seu sofrimento, com sua alegria, nós, professores, e nós, escola, não somos melhores. Em nenhum momento nós somos melhores. Nós apenas estamos aqui como testemunhas dessas emoções, dessas situações. Ajudamos muito estando presentes, sem qualquer julgamento, recriminação...

Dessa maneira, o nosso encontro traz essa possibilidade. Olhar esse nível profundo e também os níveis mais perceptíveis da nossa vida cotidiana.

O líder em mim: um programa de liderança

Vamos ver, a partir do programa O Líder em Mim, baseado na obra do Dr. Stephen Covey, o que se tornou em nossa escola uma orientação extraordinária: "Nós achamos que vemos o mundo como ele é, mas de fato nós vemos o mundo como nós somos".

Essa afirmação do Dr. Covey orienta todo o trabalho de O Líder em Mim, baseado em Os 7 hábitos das pessoas altamente eficazes, que fundamenta a nossa prática de liderança no dia a dia. E O Líder em Mim é um programa socioemocional. É um programa que permite o nosso trabalho com essa dimensão das relações.

E eu trouxe aqui os fundamentos de O Líder em Mim para conectarmos com a pedagogia sistêmica. Alguns dos fundamentos de O Líder em Mim é o que chamamos de raízes da eficácia, o continuum da maturidade e como podemos mudar nossos hábitos. E, por fim, paradigmas e princípios da eficácia. Todo o programa de liderança é norteado por esses quatro fundamentos essenciais.

Quando falamos das raízes da eficácia estamos tocando em algo muito profundo, porque nossas raízes formam o nosso caráter. Quando o Dr. Covey organizou o programa dos sete hábitos, ele pesquisou toda uma bibliografia sobre o sucesso. E ele pesquisou 200 anos de literatura sobre o sucesso. E o que é que ele viu nessa literatura? Basicamente que, durante 150 anos, toda ênfase do sucesso era dada ao caráter. O que, por exemplo?

A preocupação com a integridade do ser humano, com a coragem, com a compaixão, com a contribuição que cada um de nós deixa, com a fidelidade, com a justiça. E que, depois, nos últimos 50 anos, o sucesso ficou muito deslocado no "fora". O sucesso mais como a capacidade técnica de você realizar coisas. O sucesso mais como aquilo que ele chama de ética da personalidade, que está ligada à aparência, aos fatores externos.

Toda a construção do projeto de liderança trata do desenvolvimento de dentro para fora e não de fora para dentro. Ou seja, se nós não vemos o mundo como ele é, mas vemos o mundo como nós somos, de fato, toda a mudança começa em nós.

No continuum da maturidade, o segundo fundamento, o que observamos? Nós observamos que todos os seres humanos experimentam durante uma longa jornada a condição de dependência; como dizia o poeta, "nascer é muito comprido" (Manoel de Barros). Vamos construindo nossa autonomia e chegamos, em algum momento, na clara percepção de que somos independentes, que podemos fazer nossas escolhas, mesmo que a dependência nos espreite em momentos difíceis da existência. Saímos da dependência depositada em um outro, nossos pais ou cuidadores, para a autonomia de um "eu". Contudo a sabedoria é quando percebemos que a condição humana é caracterizada pela interdependência. Somos seres sociais, o tempo todo conectados ao olhar do outro e à relação com um outro.

No continuum da maturidade, nós vamos perceber que, ao sair de uma situação de dependência que é física, nós saímos de uma situação de dependência que é natural da nossa condição humana, como bebês, depois como crianças, depois como adolescentes e, finalmente, nós chegamos a construir uma autonomia lenta, num processo de 10, 11, 12 anos para várias tarefas, várias funções. E lá pelos nossos 18, 19, 20 anos, nós começamos a enxergar que nós temos possibilidade de escolha, chegamos à independência.

No programa de liderança, o mapa usado é: para chegarmos, de fato, com qualidade, na independência, precisamos desenvolver uma vitória particular.

A vitória particular é aquilo que garante que eu entenda que sou responsável pelos meus atos, que eu saiba de fato para onde eu vou e, principalmente, que eu saiba diferenciar o que é importante, o que é prioridade, o que não é importante. Se eu consigo fazer isso, obviamente, eu atinjo a meta de autonomia.

Mas isso não é suficiente, porque, a partir do momento que eu me sinto responsável, que eu sou capaz de saber para onde eu vou e que eu consigo escolher o que é prioridade, eu me percebo em relação com o outro. Ao estar em relação com o outro, o que acontece? Basicamente, eu vou enfrentar os desafios de encontrar um outro que é completamente diferente de mim. Então não basta que eu construa uma vitória particular. Eu preciso construir uma vitória pública, vivenciando relações em que exista benefício mútuo, relações em que eu possa criar algo que não seja só meu e do outro, mas seja nosso.

Por fim, se nós atingimos a vitória pública, entendemos a essência da interdependência. Se eu conseguir me relacionar bem com o outro, então eu percebo que a essência da minha vida só tem sentido quando eu estou com alguém. Porque nenhum de nós, em nenhuma dimensão, física, emocional, mental, espiritual, consegue viver isolado. Então o continuum da maturidade é o segundo fundamento importante.

O terceiro são os paradigmas e os princípios da eficácia. Nós percebemos, em uma visão sistêmica, que os paradigmas são muito importantes. Por quê? Porque a nossa visão determina aquilo que a gente faz. Todas as vezes que a gente fica no fazer – por exemplo, quando eu quero mudar algo, quando eu quero alcançar algo e eu fico no fazer –, eu gasto muita energia. Mas quando eu trabalho a partir de minha visão, a visão muda a minha perspectiva. E quando a minha visão muda, eu mudo o que eu faço. E quando eu mudo o que eu faço, eu mudo o resultado. Quando eu mudo o resultado, eu mudo a minha visão. E aí eu crio um círculo virtuoso no qual eu entendo que os óculos que eu uso, que a visão que eu tenho, conduz os resultados da minha vida. E, principalmente, se eu passei, de verdade, pela contribuição, pelo caráter... se eu consigo, de fato, construir com responsabilidade as minhas escolhas, eu vou entender que eu não tenho a quem acusar. Basta somente observar as escolhas que eu fiz, o palco onde eu me movi, o enredo que eu criei, o filme no qual eu fui o copywriter, o escritor.

Cuidar das relações

Finalmente, o que é navegar pelos fundamentos? É cuidar das relações. Então, o que é essencial em todo o trabalho que desenvolvemos na escola? É cuidar do relacionamento. Afinal, o que é essencial em qualquer atividade humana? É o relacionamento. É onde estabelecemos confiança. É onde estabelecemos, de fato, a capacidade de construir a confiabilidade em nós, a confiança no outro e, de fato, construir algo duradouro.

Nas relações humanas, o que acontece conosco? Diferente da nossa relação com o universo físico, diferente da relação com este aparelho, um passador de slides, no qual a minha interferência é mínima. Nas relações humanas, nós somos impactados pelo outro e impactamos o outro, igualmente, da mesma forma.

Nesse sentido, o nosso paradigma, a nossa visão, cria muitas realidades; e, dessa forma, interferimos o tempo todo nos campos de relacionamento. O nosso olhar e a nossa postura interna interferem naquele que está diante de nós.

Não é possível que eu esteja em relação com alguém e não interfira nessa pessoa a partir do meu sentimento, a partir do meu pensamento, a partir da minha postura física. O meu corpo diz algo para o outro: "Não se aproxime", "É perigoso", "Eu posso confiar", "Eu me sinto bem".

O que é a nossa postura? Na verdade, a nossa postura é um mapa invisível da nossa alma, aquilo que sentimos. O que eu estou sentindo quando digo algo? O que eu estou sentindo quando eu simplesmente escuto? Há um espaço de silêncio na escuta. Quando eu escuto de verdade, sem a mente julgar, eu tenho uma postura de respeito à história do outro. Eu tenho uma postura de respeito à dor do outro. Eu tenho uma postura de respeito ao desarranjo do outro, à perda de razoabilidade do outro, à perda de controle do outro. E isso modifica o que é aparentemente externo.

Vivemos, no mundo humano, uma ilusão profunda. A ilusão de que existe um mundo absolutamente independente da nossa vontade e do nosso olhar. Acreditamos que as coisas acontecem e nós não interferimos. Ora, se eu esperar na porta da minha casa cinco minutos, todas as pessoas com as quais eu me encontraria, tudo aquilo que aconteceria no meu trajeto até a escola, já se modificou. Como é que eu não modifico a realidade? Como é que eu não modifico as coisas? Se eu escolher entre uma resposta reativa e agressiva ou escolher uma resposta empática, compreensiva, como é que eu não mudo a realidade?

Quantas vezes, nos atendimentos de pais nas coordenações, na direção, uma mãe ou pai chega muito tenso, muito irritado, e a nossa postura de respeito à tensão, à irritação, ao medo, modifica completamente a resposta que essa pessoa dá.

Então, no campo das relações humanas, mudar o paradigma significa entender que o meu estado corporal, emocional e mental modifica profundamente o relacionamento com o outro. Nesse sentido, nós somos criadores de realidade. Não é possível acusar as pessoas. Nós somos cocriadores quando nós nos emaranhamos em conflitos, em situações tensas. A todo momento interferimos em tudo ao nosso redor, e isso ocorre além do tempo e além do espaço.

Por que além do tempo? Meu filho de 18 anos, que vive em São Paulo, costuma sempre dizer assim: "Pai, o que você sente em Pinda interfere em mim". Está muito além do espaço. Até porque a gente não se fala durante alguns dias. Mas ele é capaz de perceber algo? Como um filho que recebe geneticamente 50% do pai, não sente o que o pai sente? No meu caso, eu tenho um filho que denuncia isso, porque ele tem profunda consciência de que ele é impactado pelo que o pai faz, pelo que a mãe faz, pelo que o pai e a mãe fazem.

Estamos conectados a um sistema, a uma família. E tudo o que acontece na nossa família interfere nesse campo de relações. E olha, quem de nós já não teve uma dificuldade em casa e saiu completamente diferente de manhã para o trabalho? E chegou com uma percepção completamente alterada, diferente, desanimado. E quando entramos nesse estado, o que acontece com o nosso corpo? O nosso corpo muda, o nosso andar muda, as nossas percepções mudam. E aí, muitas vezes, iniciamos uma batalha interior para transformar esse estado e essa percepção em algo que seja, de fato, o que a gente quer.

Então, essa percepção é importantíssima para construirmos relacionamento e mudarmos, de fato, os paradigmas. Não basta, simplesmente, a percepção do programa de liderança como um programa comportamental. Não é somente um programa comportamental, mas é um programa que nos coloca dentro de uma transformação de visão. Sendo assim, nós entramos naquilo que, em O Líder em Mim, chamamos de vitória particular. Como construímos a nossa vitória particular? Essencialmente, entendendo que nós temos um lugar, que nós temos o nosso lugar.

VITÓRIA PARTICULAR O MEU LUGAR, O NOSSO LUGAR

A família

Nesta primeira seção vamos trabalhar a vitória particular. Do que se trata?

Qual é o nosso lugar de força? Qual é o nosso lugar de ação? Quais são as nossas raízes?

Quando nós falamos da ética do caráter, da contribuição, da justiça, da compaixão, de fato, tudo aquilo que eu sinto, tudo aquilo que eu penso, está ancorado em quê? De onde vem? Qual é o meu lugar de força? Onde eu me sinto forte? Vamos aproximar o programa de liderança de uma pedagogia sistêmica.

Na minha memória infantil, eu me sentia forte no colo do meu pai, de mãos dadas com meu pai. Na minha memória infantil, eu me sentia aconchegado encostado no seio da minha mãe.

Qual é o nosso lugar? Qual é a nossa raiz? A família, os ancestrais, a história, tudo aquilo que nós herdamos. Essencialmente, a nossa história não começa conosco. A nossa história não começa com a empresa que construímos, com a carreira que fizemos, com a aula extraordinária que damos, com as percepções que temos, com o livro que escrevemos.

Acho muito interessante... Eu estava em um evento em São Paulo. Então, o meu filho João chega e fala assim:

— Pai, você sacou? Você entendeu o que está acontecendo neste evento?

E aí ele começou a me explicar a sua visão sobre o evento. Então, em um determinado momento, eu falei:

— Eu entendi isso. E também vi isso, isso, isso e isso.

Aí ele olhou para mim e simplesmente disse assim:

— Eu tinha esquecido como você é. Como é que eu posso ver tudo isso? Eu sou seu filho. Eu tinha que enxergar. Você já havia visto... Eu me esqueci.

Naquele momento, ele teve uma percepção clara que o que ele pensa e o que ele sente não é recurso somente dele. É um recurso que veio muito antes em seus pais e de tantos outros ancestrais.

Eu sou capaz de reconhecer que os recursos que eu tenho vêm do meu pai, vêm da minha mãe, vêm dos meus avós, vêm dos meus tios? Eu sou capaz de sentir, na árvore frondosa que está atrás de mim, com todos os meus ancestrais, que os recursos fluem em habilidades? Eu sou capaz de pegar no histórico dos irmãos dos meus pais, da minha mãe, do meu pai, dos meus avós, dos meus tios-avós, às vezes, a habilidade da oratória, a capacidade de escrever? Muitas vezes nós não sabemos de onde vem um recurso, uma habilidade. Mas aqueles que nos antecederam nos deixaram esse "nosso" mundo.

Antes de chegarmos aqui, esta escola, esta estrutura, este bairro já existia. Quando eu cheguei neste espaço físico aqui, ele já existia. Alguém fez antes. E assim é com tudo que nós vivemos, com os sistemas em que estamos e nos relacionamos, seja o sistema familiar, seja o nosso sistema escolar, seja o nosso sistema social. Quantos nos antecederam?

Assim sendo, não chegamos agora. Nós não estamos contando uma história nova agora. O que, de fato, nós fazemos? Nós herdamos. E quando reconhecemos isso, que nós herdamos, qual é a nossa postura? Eu posso garantir que, ao olhar para todos os que me precederam, a primeira coisa que eu penso é: "Obrigado!". É gratidão!

E quando você se conecta com essa gratidão, com esse reconhecimento, você sente uma força diferente, subindo pelo seu corpo, subindo pela sua espinha, aquecendo seu coração, iluminando sua mente. É algo físico. A gratidão produz algo físico em nós.

Pois, se pensarmos qual é o nosso lugar de força, onde nós nos sentimos fortes – com a nossa família, com os nossos ancestrais –, aí nós podemos enxergar além do indivíduo. Nós não somos indivíduos, apenas. Todos nós pertencemos e estamos vinculados a um sistema familiar... Impactamos e somos impactados por esse sistema.

FIGURA 2: NASCI NESTA CASA. ERA UMA ESCOLA ONDE MEUS PAIS MORAVAM COM OS CINCO FILHOS E TAMBÉM ENSINAVAM
FONTE: o autor

FIGURA 3: MINHA MÃE IRENE AO FUNDO DE UM LADO; DE OUTRO, O SUPERVISOR MILTON GALVÃO. ERA UMA ESCOLA MULTISERIADA, NO BAIRRO DAS ÁGUAS VIRTUOSAS, MUNICÍPIO DE CUNHA- SP. MINHA MÃE ENSINAVA TODAS AS TURMAS DO QUE HOJE É O FUNDAMENTAL I. ESTOU NA PRIMEIRA FILEIRA, DE TOCA, COM A CARA EMBURRADA. TEREZA 1, STELLA 3 E BERNADETE 4 (PRIMEIRA FILA DA ESQUERDA PARA DIREITA); HAMILTON DE GORRO, PRIMEIRO À DIREITA)
FONTE: o autor

FIGURA 4: FOTO COM A FAZENDA/ESCOLA AO FUNDO. MINHA MÃE ME SEGURANDO E MEUS IRMÃOS HAMILTON, STELLA, TEREZA E BERNADETE (QUE APARECE PARCIALMENTE)
FONTE: o autor

FIGURA 5: MEUS PAIS, JOSÉ E IRENE E MEUS IRMÃOS, HAMILTON, STELLA, BERNADETE E TEREZA
FONTE: o autor

Essa ideia de que nós somos indivíduos é uma ideia moderna. É uma ideia muito recente. Se pensarmos na história, é muito recente. O individualismo como um conceito cultural importante, como um dado da nossa cultura, tem um pouco mais de duzentos anos.

Ele vem da França, da Inglaterra, das revoluções modernas. Mas hoje, olhando para nós, para cada um, você pode perceber que o indivíduo, em si, existe muito precariamente. Ao contrário, ele faz parte de uma história. Ele traz, de maneira única, uma história que não é só dele. Ele traz, de maneira única, recursos e habilidades que não são só dele. Não podemos existir sem que exista um outro testemunhando nossa existência. E isso é perturbador e, ao mesmo tempo, extraordinário, porque eu preciso do outro.

Temos essa consciência? De que precisamos do outro? Eu preciso de você. Você precisa de mim. Nós precisamos uns dos outros. Não só para que a gente possa produzir a nossa sobrevivência juntos, mas também para que a gente possa construir a nossa alma, o nosso pensamento, o nosso diálogo. Não dialogar é algo difícil porque nós somos seres relacionais. E, portanto, como seres relacionais, nós estamos completamente ligados às nossas famílias e aos nossos relacionamentos.

Dessa forma, cada um de nós pertence a um sistema. Em um sentido mais estrito, cada um de nós pertence e está inserido em múltiplos sistemas.

Uma noção mais simples de sistema: um sistema é algo no qual uma parte está conectada ao todo e o todo é modificado pelas partes. Como se nós olhássemos para o nosso corpo.

O nosso corpo é um sistema. Os nossos órgãos estão conectados ao nosso corpo. Os nossos órgãos são afetados pela nossa mente. Então, as partes de um sistema são afetadas pelo todo. Mas elas também afetam, cada uma das partes, esse todo.

E nos sistemas, o que percebemos é que nunca um mais um é igual a dois. Mas sempre, um mais um é um mais um e muitas outras possibilidades. Porque um mais um, no mínimo, são três: um mais um e um terceiro, que é a relação que se estabelece quando nós estamos criando algo.

Sendo assim, o sistema não é a soma das partes. Na verdade, o sistema é uma síntese das interações. O sistema é muito maior.

Imagine você em uma sala de aula. Quantos professores têm uma sala de fundamental I, de educação infantil, de ensino fundamental II, de ensino médio, de universidade. Quantos professores têm? Quando um professor entra em uma sala, ele nunca entra na mesma sala; um professor entra, o sistema muda, uma parte essencial do sistema mudou: o professor. Um professor saiu e outro professor entrou.

A mudança do sistema é impactante. Por quê? Porque quando o professor entra e muda o sistema, o respeito que esse professor tem pelo outro que saiu interfere na relação com aqueles alunos.

Quando eu divido uma sala de aula com alguém – e todos nós dividimos –, o respeito que eu tenho por aquele que divide aquela mesma sala comigo interfere nos alunos. Os alunos percebem quando eu respeito, quando eu dou lugar, quando eu interajo, reconhecendo e dando pertencimento para o outro. É uma diferença importante na vida escolar quando a gente entende que, ao entrar em uma sala de aula, devemos entrar com força e delicadeza. Porque, quando nós entramos, nós estamos mudando as relações que estão estabelecidas ali. Por isso é que não existe uma mesma sala de aula.

Quantas vezes os professores falam: "O 8º B é uma turma difícil". Mas por que é uma turma difícil? O Ricardo não acha que é difícil. A Helena não acha que é difícil. O Roberto acha que é tranquilo. A Patrícia tem prazer. Por que o Carlos Alberto tem dificuldade? Porque ele não está na mesma sala. Porque as salas são diferentes.

A clareza de uma visão sistêmica propicia essa percepção.

Os sistemas têm propriedades emergentes. O que acontece entre as partes modifica as relações. Então, quando entramos em uma turma para trabalhar, nós produzimos uma outra síntese de relacionamento. E, portanto, nós mudamos todo o campo coletivo. A escola na qual eu estou não é a mesma escola na qual o diretor está. Ela é a mesma quando a gente interage respeitosamente, criando conexões que permitem ações comuns, mas nunca será a mesma, porque eu trago comigo percepções completamente diferentes do que ele traz. E quando a gente consegue respeitar as diferentes percepções, oriundas dos nossos sistemas, ampliamos a nossa escuta, reduzimos os conflitos, somos capazes de criar um "plus", aquilo que chamamos de sinergia.

Então esse aprendizado é, de verdade, o que a gente enxerga no campo das relações humanas. Em uma visão sistêmica, nenhum de nós pode ser considerado apenas como indivíduo, como já me referi acima, porque estamos vinculados a um sistema familiar. Cada um de nós capta, por ressonância, o que acontece na sua alma familiar, mesmo daqueles membros da família com quem convive. Eles interferem em nós porque eles estão conectados a uma alma familiar. Há uma interconsciência atuando coletivamente nas famílias.

Quem está conectado comigo? Os meus pais, os meus avós, os meus tios, os meus irmãos. Os parceiros com quem estive conectado por amor, pessoas que trouxeram vantagens existenciais ou desvantagens para nós ou nossa família (uma grande vantagem financeira que recebemos de alguém ou algum dano desta natureza ou casos de assassinatos, transplantes, adoção, o parceiro da primeira experiência sexual, promessas de casamento...) são os vínculos que estabelecemos.

Essas foram as percepções que Bert Hellinger observou ao longo de mais de duas décadas trabalhando com constelações familiares. Mesmo que eu não saiba, esses vínculos interferem em mim, eles interferem na minha fisiologia, no meu corpo, nas minhas percepções.

Como é que eu sei qual é o meu lugar no mundo, se não considerar e incluir todos aqueles da minha família que fazem parte de mim, da minha história, que estão ligados como um fio a essa grande árvore? Como incluir em meu coração todos os que estão vinculados ao meu sistema familiar?

Como é que eu posso viver em paz? Como é que eu posso dizer: "Eu sou o quinto filho e estou neste lugar" ou "Eu sou o segundo filho" ou "Eu sou pai de tantos filhos" ou "Eu tive três casamentos e reconheço o lugar de cada mulher que esteve no casamento comigo e dou lugar aqui, no meu coração, porque elas estão vinculadas a mim, por um vínculo de amor"?

Nos sistemas, nós estamos vinculados. Essa é uma propriedade do sistema familiar. Essa é uma propriedade também de outros sistemas, como empresas e escolas. Nós estamos vinculados.

Todos os dias nós compartilhamos os mesmos espaços e os efeitos das múltiplas relações que estabelecemos. Socialmente, nós estamos vinculados à alma nacional, em nosso caso, à alma brasileira. Todo brasileiro, quando sai daqui, sente o que é ficar exilado desse campo vasto de relações, valores, que é um campo materno para todos os que nascem aqui.

Todas as vezes que fico distante do Brasil por algumas semanas, o meu corpo se alegra quando o avião pousa em Guarulhos. Sinto meu corpo relaxar. Eu sinto: "Ah, estou em casa!". Eu passo pela polícia sorrindo. Não é a mesma sensação quando eu chego em outro país e eu tenho que passar pela polícia. Eu não me sinto tão conectado... àquela alma, àquele povo, àquele sistema. Aqui não. Aqui a gente chega e relaxa. Vocês vão ter essa experiência se ficarem fora muito tempo. Por quê? Porque nós pertencemos a uma alma coletiva.

As crianças e a sala de aula

Nesse sentido, a partir da ampliação de nossa percepção, o nosso trabalho pode se modificar completamente. Por exemplo: quando nós entramos numa sala de aula no primeiro dia do ano... O que as crianças trazem para a escola? O que uma criança pequenininha traz para a escola? Ela não veio sozinha. Nenhuma criança, nenhum adolescente vem sozinho. Ele traz a história dele. Ele traz os pais. Ele traz os avós. Cada criança traz para a escola uma pequena aula, que não é uma aula de conteúdo, uma aula com característica acadêmica (Marianne Franke). Cada criança traz uma experiência familiar, gastronômica, de padrão de conversa, uma experiência de encontro na mesa, uma experiência de final de semana, de domingo, uma experiência de viagem, uma experiência de conexão, uma experiência amorosa, uma experiência de sofrimento.

Cada criança traz, de fato, todo um contexto. Como entramos numa sala de aula ignorando que as crianças trazem as suas famílias? E como é que uma escola pode ensinar uma criança se ela não concordar de fato

UMA CRIANÇA DE CADA VEZ: EDUCAÇÃO EMOCIONAL E LIDERANÇA

com a história das famílias que essas crianças trazem? Essa é a pedagogia sistêmica, quando nós, professores, conseguimos olhar para as crianças e ver atrás delas os pais, ver atrás delas os avós. E deixar que essa experiência possa fluir em direção a nós.

Frequentemente, quando a gente se abre para essa multidimensionalidade de uma criança, para essa experiência complexa de uma criança, o que acontece? Em algum momento, nós percebemos que nós também não entramos numa sala de aula sozinhos. Nós entramos também com os nossos pais. Nós entramos também com os nossos avós. Nós entramos também com os nossos tios. E aí, se não concordamos com a nossa família, a gente não consegue concordar com as famílias das crianças. Se a gente não concorda com as nossas famílias, ficamos exilados dessa força, desse lugar.

Portanto, na vitória particular, quando nós falamos de construir responsabilidade, de ter propósito, de saber o que é prioridade, se nós não estivermos no nosso lugar, tomados pelas raízes e pelas forças que constituem o nosso sistema familiar, como serão nossas escolhas? Com que força eu caminho se o meu pai está exilado do meu coração?

Eu caminho com uma perna direita manca, porque na minha constituição corporal, o pai está aqui na minha perna direita, a mãe está aqui na minha perna esquerda. Onde é que eu sinto o meu pai e a minha mãe? Se o meu pai está exilado do meu coração, eu não vou ter força nem para aprender os conteúdos básicos. Se eu estou exilado da minha mãe, eu não vou ter força, eu não vou ter alegria, porque a principal força que me chega da conexão com a mãe é a alegria. Uma pessoa que não está conectada com a mãe é emburrada, é triste, está brigada com o mundo. Um homem que não ouve o seu pai é um homem que sai brigando, esbravejando, querendo mudar o mundo pela força. Um homem que está tomado pelo amor do pai é um homem que caminha seguro, porque ele sabe o lugar dele e onde o lugar dele de força está, o que ele tem que fazer.

Um homem tomado pelo amor do pai tem mais facilidade de realizar aquilo que no programa de liderança chamamos de círculo de influência e círculo de preocupação.

Círculo de influência é o espaço, o lugar, aquilo que está sob o nosso poder de decisão e mudança. Aquilo que efetivamente podemos mudar. Um homem, uma mulher, que não está tomado(a) pelo amor do pai, não recebeu ativamente, o amor do pai, a força do pai, é um homem/mulher que quer resolver o problema de Brasília, o problema de Nova Iorque, mas não consegue resolver as questões da sua própria casa, do seu próprio corpo.

Então, quando nós nos conectamos com aquilo que as crianças trazem, nós também nos conectamos com a nossa força, com a nossa história.

O que chamamos de concordar com a nossa família é um passo importante no trabalho da pedagogia sistêmica. Essa concordância é muito maior do que a aceitação de algo. É tomarmos a história da nossa família, dos nossos ancestrais do modo como foi. Nossa concordância é uma postura interna, um sentimento de respeito pela forma como a vida chegou até nós, tomando em nosso coração tudo o que nos pertence no campo familiar, sem exigência, críticas e julgamentos de que algo poderia ter sido diferente.

Posso trazer uma experiência muito marcante da minha vida.

Durante anos, meu pai, que amei, do qual estive muito próximo até sua morte, e respeitei muito em vida, esteve exilado do meu coração... Somente após os cinquenta anos de idade consegui sentir em meu corpo e em meu coração como meu pai foi digno, forte e cumpriu um destino que foi mais pesado que o meu e de meus irmãos. Havia, em meu coração, uma recusa, uma crítica, da forma como a vida de meu pai se desenrolou. Achava, de forma tola, que ele poderia ter feito mais, por suas habilidades e inteligência. De alguma maneira, ele teria vivido abaixo de suas possibilidades. As imagens internas que me acompanharam da infância à maturidade sobre o que deveria ter sido a vida de meus pais, e especialmente do meu pai, aprisionaram-me em um enredo de muitas dificuldades, de muito peso e esforço pessoal, na vida pessoal, no casamento e na profissão. Tudo o que condenamos, criticamos, excluímos e rejeitamos passa a ser um companheiro próximo de viagem. Aquilo que excluímos e criticamos nos enreda, emaranha-nos, porque passamos a experimentar como uma realidade em nossa vida.

Em muitos encontros com professores e profissionais de outras áreas ouço alguém dizer que não tem nenhum problema com os pais e ancestrais...

Mas, por vezes, falta um entendimento, uma percepção, de que nossa postura de crítica, nossa rejeição, não concordância, exigências e exclusão de algum aspecto mais difícil de nossa história familiar tornam-se obstáculos importantes para recebermos livremente o fluxo de amor que nos liga aos mais distantes ancestrais.

Bert Hellinger afirma, em muitos livros, e pela sua experiência fenomenológica das constelações familiares, que todos os pais são perfeitos. Todos passaram a vida, serviram a vida e, nessa transmissão, são perfeitos. A vida chegou continuamente até nós de maneira perfeita, como um longo fio que percorre centenas de gerações, ligando-nos aos nossos ancestrais, na aurora dos tempos. O que por vezes nos atrapalha é o julgamento das pessoas que chamamos de pai e mãe. Nossos pais, como seres humanos comuns que são, cometeram erros, deslizes, fraquezas... Olhando para essa dimensão, perdemos a grandeza que está neles como pais e mães. De alguma forma, disseram sim à vida, disseram sim à nossa vida, por mais difícil e especial que essa experiência tenha sido.

Tenho vivido uma experiência contínua nos atendimentos às famílias. Há uma forte exclusão do pai. Uma consequência dessa exclusão é uma série de sintomas, principalmente nos meninos, de hiperatividade, de déficit de atenção, de indisciplina e falta de orientação. A exclusão ocorre pelas enormes dificuldades entre os casais e, também, pelo fato de que uma grande maioria das mães não confia nos pais que escolheram para seus filhos. O pai está exilado do coração da mãe muitas vezes por dificuldades reais, por dramas familiares como traição, alcoolismo, adicção, desemprego, e tantas outras questões. As mais comuns são os conflitos entre os pais separados. As crianças são colocadas entre o casal, forçadas a tomar partido, deixando o lugar de crianças, de pequenos, para assumir algo que os adultos, os grandes, não conseguem resolver de forma respeitosa. Pais e mães não estão separados nas crianças; quando o homem e a mulher vivenciam uma separação, o mais importante é que estejam reconciliados, internamente, por mais desafiador que isso pareça – somente assim as crianças têm chance de viverem disponíveis para a vida escolar e para o pai e a mãe.

Muitas mulheres mantêm tantas críticas aos pais dos filhos, mesmo estando na vida conjugal, que as crianças trazem muitos sintomas. A imagem interna que sempre experimento ao atender crianças e adolescentes em minha sala é a de um celular buscando conexão com uma rede de wi-fi.

As crianças ficam procurando algo... como aquele círculo de pontinhos buscando redes. Numa perspectiva sistêmica, a mãe é totalmente responsável por entregar o menino, em um movimento interno, do coração, ao pai; mesmo que isso não seja possível fisicamente, quando o pai oferece riscos reais aos filhos. Trata-se, então, de um movimento do coração... Assim como para o homem, em relação aos filhos, e principalmente às meninas, é fundamental o respeito pela mãe. Quando os pais vivem uma guerra entre si ou mantêm sentimentos ruins e negativos em relação um ao outro, isso afeta diretamente os filhos. Há um número enorme de filhos de pais separados totalmente indisponíveis para a escola, tomados pelos dramas familiares.

Nesses casos, conseguimos algo com as famílias quando respeitamos os movimentos da alma dessa mãe ou do pai, sem nos colocarmos melhor ou corretos. A postura de respeito e não julgamento é algo muito poderoso que podemos fazer. Outro movimento é dar um lugar, de imediato, em nosso coração àquele(a) que está excluído. Por exemplo, ao ouvir uma crítica ou movimento mais forte de exclusão ao pai ou mãe, imediatamente nos conectamos a essa pessoa, em uma imagem interna. Isso tem um efeito em nossos atendimentos e pode produzir uma outra percepção daqueles que atendemos, claro que de maneira muito respeitosa. Muitas vezes, os pais estão abertos e, dessa forma, conseguimos ajudar ainda mais.

Muitas mulheres reclamam do pai ausente, mas muitos homens estão totalmente dedicados ao sustento de suas famílias e são provedores. Na pedagogia sistêmica é importante trazer com clareza que há um fio invisível conectando os filhos ao coração do pai e da mãe. Mesmo que o homem e a mulher tenham dificuldades, doenças, loucura, morte trágica ou "precoce", o movimento que ajuda as crianças é o respeito pelos destinos que essas famílias carregam. Nenhuma pena, lamentação ou crítica ajuda a criança a ter força. Toda criança olha com amor para os seus pais, mesmo que externamente palavras e atitudes pareçam diferentes. Os professores e cuidadores ajudam na medida em que se colocam ao lado das crianças e olham com respeito para os dramas familiares. Uma palavra que ajuda muito as crianças que têm pais doentes ou avós em estado terminal é: "Seu pai, mãe ou avós, irão se alegrar

UMA CRIANÇA DE CADA VEZ: EDUCAÇÃO EMOCIONAL E LIDERANÇA

muito se você estudar e cuidar das suas responsabilidades". Essa é uma frase de força utilizada pelas professoras que estão alinhadas a uma visão sistêmica. Os efeitos dessas frases, com uma boa postura interna, é extraordinário.

A escola

E, agora, nós entramos no campo da escola. O que o campo da escola traz para nós? O que sentimos nesse campo? Cada organização humana, qualquer organização humana, qualquer empresa mantém-se quando tem metas, quando há propósito. Nenhuma empresa ou organização existe sem meta, sem propósito. E a escola tem uma qualidade de ser, uma alma coletiva... uma característica que anima, movimenta esse campo. Geralmente, o ser da escola está muito conectado à alma do diretor. A escola é movida pelo comando e orientação da sua direção. Ela pode ser mais artística. Ela pode ser mais acadêmica. Ela pode ser mais inclinada para o social. Ela pode ser uma escola mais conectiva, mais aberta. Ela pode ser uma escola forte academicamente. A direção acaba dando o tom para todos aqueles que fazem parte. E dentro do sistema escolar, quando um professor, quando um colaborador está em dissonância com o diretor, ele não consegue ficar bem, ele não consegue trabalhar bem. Ele não consegue ficar no seu lugar de força dentro desse sistema (Marianne Franke).

Então, a escola tem um ser (uma característica coletiva, uma alma coletiva). E a escola está a serviço de quem? A escola está a serviço das famílias. Há uma conexão entre os sistemas familiares e o sistema social.

As famílias estão dentro da escola. Nós não conseguimos exilar as famílias. Muitas vezes eu ouvi, ao longo da minha vida profissional: "A escola não pode dar espaço para a família", "Não podemos ceder às exigências dos pais". Essa postura revela uma ignorância no campo das relações em sistemas. As famílias estão dentro da escola.

Trazer as famílias para a escola não é algo físico. As famílias estão dentro da escola porque nós lidamos com os problemas das famílias. Nós lidamos com os valores das famílias. Nós lidamos com tudo aquilo que as famílias trazem para nós. Então, as famílias são um subsistema do sistema escolar. E, na pedagogia sistêmica, "nós não vemos apenas o aluno. Nós vemos também os pais nele. Então, quando o professor vê os pais dos alunos por trás dele, ele consegue entender os valores. E ao mesmo tempo sente atrás de si os seus ancestrais" (HELLINGER, 2015, p. 145).

Essa foi a percepção que Bert Hellinger teve, olhando para as escolas. Estar a serviço das famílias não significa fazer o que as famílias querem. Estar a serviço das famílias significa respeitar o que cada família traz. Quantas vezes, ao atender uma família, eu ouvi:

— Para mim, a escola é importante porque ela é uma extensão dos valores que eu trago da minha casa. Eu me identifico com esta escola porque os valores que eu tenho são os valores que vocês cultivam.

Quantas vezes eu ouço esse tipo de afirmação. Por quê? Porque uma criança não consegue ficar na escola se os pais estão em discordância em relação à escola. Quantas vezes uma criança sai da escola ou tem dificuldade de aprendizagem quando existe uma discordância entre pai e mãe sobre a escolha da escola.

Eu vivi essa experiência com a minha filha pequena, quando ela mudou de uma escola, onde ela estava bem, para outra. E eram duas escolas que estão ligadas a mim, por participação societária: uma escola em Lorena e outra em Pindamonhangaba. E a minha filha não conseguia ficar na escola de Pindamonhangaba. Por que a minha filha não conseguia ficar nessa escola? Porque a mãe não estava totalmente segura em relação ao comportamento da filha numa escola dirigida pelo pai, com todas as demandas que isso implica. Havia uma insegurança sobre a sua adaptação. Muitas questões que traziam insegurança para a nossa filha estavam presentes. No momento em que a mãe ficou segura e concordou que aquela escola era boa, toda a experiência mudou... Concordou, e a criança ficou bem.

E eu vejo essa história da nossa filha repetida em histórias de muitas crianças. Porque, se observarmos com cuidado, a criança não consegue ficar na escola se tiver tensão, se tiver medo. Ninguém consegue aprender com medo. Ninguém consegue aprender diante da tensão ou diante do medo. Isso cria uma impossibilidade de que as crianças possam, de fato, experimentar a aprendizagem.

UMA CRIANÇA DE CADA VEZ: EDUCAÇÃO EMOCIONAL E LIDERANÇA

Essa é a essencialidade da pedagogia sistêmica: nós, enquanto escola, estamos a serviço das famílias, enxergamos nas crianças essas famílias dentro da escola. Quando nós respeitamos e nos conectamos com essas famílias, a gente consegue, de verdade, outros resultados.

Perguntas e depoimentos

Participante – Eu acho que o grande problema que a gente sempre diz é que, além de não aceitar os pais como eles são, a gente julga o que eles fazem. Então, a primeira coisa que a gente tem que pensar é evitar esse julgamento. Simplesmente entender o outro como o outro é, com a visão que ele tem, com os paradigmas que ele tem e respeitar isso. O julgamento é o grande problema de todo relacionamento.

Laureano – Nós falamos de postura. Uma criança está profundamente conectada com o julgamento que você tem sobre o pai e a mãe, sobre a família, se você concorda ou não. Uma criança, um adolescente sente em seu corpo quando existe um julgamento, uma desaprovação. Equivale a dizer que nós, enquanto escola, quando julgamos, nos colocamos acima das famílias. E achamos que nós temos algo que é melhor, quando, de fato, nós não temos algo que é melhor. Nós temos algo que é diferente, porque as famílias lidam de um jeito e nós lidamos de outro. Se a gente tiver muito respeito às famílias, vamos conseguir mostrar para as famílias que a escola é um lugar do mundo e que as regras da família não são as regras da escola. Mas se a escola está a serviço da família, vamos encontrar respeitosamente uma forma de acolher as famílias naquilo que é da natureza da escola acolher. Por exemplo, olhar para o aluno com respeito, ainda que a mãe seja uma prostituta e que fique muito brava se a criança passa mal e é levada da escola para casa. Inúmeras vezes eu vivi essa situação aqui no Vale do Paraíba. Se pensarmos em Cruzeiro, Lorena, Guaratinguetá, cidades aqui do Vale do Paraíba... Quantos depoimentos eu ouvi, em cursos, de diretores de escola, que diziam claramente:

— Há, em nosso público de famílias, mães que se prostituem. Então, as crianças vão para a escola para as mães poderem trabalhar.

Como olhar para isso? Nosso desafio é olharmos para as mães com respeito, independente das escolhas que elas fazem ou são "obrigadas" a fazer. A mãe prostituta é a mãe certa para essa criança. Dessa maneira, a vida se fez ali. Porque os pais nos dão a vida por meio de uma longa tradição.

De onde vem a nossa vida? A nossa vida vem dos nossos pais. Mas de onde vem a vida de nossos pais? Vem dos nossos avós. E de onde vem a vida de nossos avós? Dos nossos bisavós. Se nós antecedermos, nós vamos ver que a vida é perfeita na sua transmissão. Nós nos perdemos quando nós olhamos não para a pessoa pai, para a pessoa mãe, mas nós olhamos para a história que vem junto. Quando nós olhamos para a história que vem junto, nós perdemos aquilo que é essencial, que é: a vida me chegou dessa forma. Então, eu honro, agradeço aquele que me deu a vida. A minha mãe pode ser uma prostituta, o meu pai pode ser um traficante, estar preso. Quando alguém fala da minha mãe, quando alguém fala do meu pai, ou quando alguém não respeita a minha mãe, não respeita o meu pai, mesmo que não de forma evidente, no meu coração, intimamente, isso me fere.

Então, na relação com as famílias, quando eu não tenho um olhar de respeito, quando eu não trago as famílias no meu coração... isso tem efeitos. E eu posso trazer uma mãe prostituta, um pai traficante, respeitosamente em meu coração. Na postura de respeito às histórias vividas, Hellen Vieira da Fonseca, minha professora e amiga do coração, que trabalha há muitos anos com a pedagogia sistêmica, conta uma história muito bonita. Ela diz que chegou para observar um aluno numa escola de Brasília, um aluno que estava praticando muitos atos de violência, agredindo os colegas. Ela foi observar o aluno na hora do intervalo, e ele lhe disse, ameaçadoramente, assim:

— Meu pai está preso na Papuda (um presídio de Brasília).

E ela disse para ele:

— Ok! Se ele está preso na Papuda, ele está respondendo por algo que ele fez. E tem que responder mesmo. Mas ele é seu pai e ele tem o meu respeito.

Nesse momento, o menino ficou desarmado e depois foi procurá-la para conversar e falar:

— Dona, posso conversar com você?

Algo aconteceu ali. Houve um movimento naquele menino, que se sentia julgado pelos colegas por ser filho de um traficante.

Quando eu respeito a história do outro, eu fico em um lugar de força.

Mas eu não consigo respeitar a história do outro se eu não respeito a minha própria história.

Qual é a minha história? De onde eu venho? Meu pai era pedreiro? Meu pai era pobre? Meu pai era balconista? Meu pai era motorista de ônibus? Minha mãe era empregada doméstica? O que importa? A vida chegou perfeita para mim, com todos os recursos. Então, quando eu respeito a minha história, eu respeito a história do outro. E nessa postura há possibilidades de encontrarmos muitas soluções. Porque esse menino, quando estava ali violentamente se relacionando com os amigos, o que ele estava comunicando? Basicamente, ele estava dizendo: "Vocês não respeitam meu pai, eu bato em todo mundo". Como nos relatou Hellen.

Nossa postura muda o campo da escola, profundamente, quando entendemos que a forma como nos relacionamos libera o outro para crescer, para se desenvolver, para aprender. Ninguém pode ser condenado porque tem uma determinada história. Agora, na escola, a gente etiqueta, a gente fala: "Fulano é mau elemento. Fulano está perdido".

Não existem crianças que são maus elementos. Tem crianças e adolescentes que estão a serviço de algo que está acima deles. Estão a serviço de uma dor. Estão a serviço de uma família que está excluindo algo. Então, eles estão trazendo para aquela família algo que está sendo excluído. Um garoto profundamente envolvido com drogas, que está se perdendo, de alguma forma ele está tentando mostrar que o pai dele está fora, está excluído do coração da mãe (o pai representa ordem na vida, autoridade, respeito). Ele está sem norte. Ele está como um telefone procurando rede. Ele está buscando o pai. Ele vai beber. Ele vai usar drogas. Enfim, ele vai trazer aquela exclusão do seu sistema naquele momento. E a escola é um espaço em que as consequências ficam mais em evidência. Quando a gente chama os pais desse aluno, precisamos ter muito respeito pela história que está se desenrolando ali; ou nos perdemos em certa moral. É mais comum julgarmos.

Quando julgamos, nós colamos a nossa moral. "Eu sou assim: eu cuido bem do meu filho, eu tenho religião, eu ajo corretamente, eu tenho responsabilidade. Mas os pais desse menino não têm!". Eu estou me colocando acima. E com certeza isso é uma visão moral distorcida, porque, de fato, não tenho esses problemas, mas tenho outros. O campo moral nos distancia da percepção, do respeito às famílias. A moral nos mantêm em visão mais estreita e, por vezes, arrogante.

Participante – Será que isso não seria um pouco a maneira como aprendemos a fazer na escola? Porque chamamos os pais para contar um problema do filho. Não trazemos os pais como Equipe Farol (há uma Equipe Farol de professores e colaboradores da coordenação, direção e auxiliares gerais; um Farol de alunos e, finalmente, para escolas que são Farol, uma referência em liderança, há uma equipe de pais). Então, a gente está desenvolvendo o projeto e, dentro do projeto, o pai está de outra forma. Eu acho que é da nossa realidade brasileira, como a escola enxerga o pai. Como eu trato esse pai? Eu posso trazer esse pai para dizer que o filho não está indo bem, mas é difícil para a escola ter um Farol de pais. Até porque, às vezes, o pai não quer colaborar. Então, acho assim, o programa de liderança vem de outra realidade, de uma valoração diferente de uma posição do professor. Então, eu acho que a gente está mudando aqui. E isso, para os nossos pais, está causando um impacto. "Poxa, por que eu vou lá? Vou ajudar a resolver?". A escola tem um pouco de medo desse pai tão próximo. Quem é que vai resolver o problema? "Eu vou ouvir esse pai até...". Sabe, isso, não sei, pela minha experiência de sala de professor, eu acho que é uma posição da escola brasileira. Não sei. Eu acho que a gente está tentando mudar, por essas duas coisas: pela proposta do projeto e pelo respeito que a gente tem. Porque a gente não julga o pai... Mas o pai julga o professor.

Laureano – Aí há várias questões. A primeira delas: quando um pai, uma família, é respeitada, honrada, esses pais começam a perceber que eles têm outro lugar. Isso acontece na nossa escola já. Os pais já se sentem muito mais confortáveis. Não todos, obviamente, porque a participação deles se dá de maneira diferente. Mas nós fizemos treinamento para mais de 200 pais. Mais de 200 pais estiveram conosco numa relação de troca importante e estão abertos à experiência.

Então, quando nós respeitamos as famílias, ganhamos a possibilidade de outro espaço de relação, em primeiro lugar. Em segundo lugar, toda vez que nós temos medo é porque nós não estamos no nosso lugar de força. Não há porque ter medo, porque nós sabemos qual é o papel da escola. A escola tem regras. A escola tem um regimento. A escola pode ter flexibilidade. A escola pode definir... Mas ela não está com regras contra outro sistema. Ela pode estar em ressonância com outro sistema, no sentido de abrir para as famílias um espaço que seja correspondente ao tamanho da confiança que as famílias têm quando nos entregam seus filhos. Isso não é pouco.

Ainda hoje, eu conversava com o diretor desta escola sobre uma excursão que os nossos alunos irão fazer. E ele me trazia a preocupação, não como diretor, mas como pai, sobre um determinado aspecto da excursão. Quando você vê o pai falando é que você tem noção de como o pai fala para o diretor, que é a mesma pessoa, quase que num diálogo interno, dizendo assim: "Olha, eu não sei se estou tão confiante em entregar meu filho dentro da decisão que o diretor tomou". E o diretor, ele mesmo, tomou uma decisão e depois não se sentiu tão confiante. Olha como é: se nós que estamos dentro desse campo de educação escolar, muitas vezes, somos tomados por uma sensação de que não podemos ter tanta certeza assim, imagine os pais que, simplesmente, deixam os filhos conosco. Então, é um grau de confiança muito grande. O não ter medo significa estar aberto para essa missão, para essa função que nós temos de conexão com essas famílias para servi-las.

Quando eu estou aqui para servir as famílias, eu estou para não julgar, eu estou para encontrar soluções. E soluções que são sempre uma sinergia. Porque quando alguém é verdadeiramente ouvido, algo acontece. Na maioria das vezes, quando alguém é ouvido, o conflito acaba. Além do conflito acabar, uma solução emerge, porque isso representa que um mais um produz um terceiro. O terceiro, muitas vezes, é uma solução que nasce desse espaço de relação que existe entre nós. Quando dois seres humanos estabelecem qualquer relação, entre eles existe não um vazio, existe tudo que cada um traz. Então, tudo o que nós trazemos está aqui, neste espaço. A dimensão de respeito por tudo que você traz neste espaço, pelo que eu trago neste espaço, vai produzir algo diferente. Percebe? Então, isso por si tem um poder muito grande. O poder de ouvir respeitosamente impacta a realidade. Voltamos àquela ideia: não existe algo externo a mim. Existe algo que se relaciona comigo. E, portanto, algo que mexe comigo e interfere no outro.

Participante – Então, hoje, lá, em conversa com uma mãe, eu e a coordenação, percebi muito isso. O nosso olhar mudou. A nossa forma de conversar com a mãe mudou completamente. Quando você fala para a mãe: "Conta um pouco da sua filha", você está pronta para ouvir, e a mãe percebe que você quer ouvir... A mudança é assim: antigamente, a gente chamava e a gente já começava a falar como vemos a criança em sala de aula. Hoje, pedimos para a mãe contar como a criança é em casa, como ela era na outra escola, por que ela passou por tantas escolas. E isso é tão legal – não é? –, que a mãe acaba nos falando o que a gente queria falar para ela. Mas ela está com a resposta ali. Ela mesma lhe dá. Então, você só faz ela perceber; mas ela sente-se tão segura de você estar mostrando para ela que você está ouvindo, está pronta para ouvir... Você está ali para ouvir, não para julgar. O medo acaba. Ela se abre.

Laureano – Significa que você não tem uma história pronta. E que você está ali como testemunha de uma história que não começou com você. A história dessa criança não começou na sua turma quando ela chegou. Frequentemente, o que nós, escola, fazemos? Nós, simplesmente, fazemos um inventário de tudo o que não funciona com a criança, com o adolescente, principalmente. Inventariamos tudo o que não funciona; chama o pai, dá uma dura no pai e diz pra ele:

— Você falhou, porque seu filho só traz problemas.

Coloca a lista ali e aí você quer que o pai seja generoso com você, ouça, concorde com a escola. Ele vai falar:

— Sim, de fato, o meu sistema familiar é uma droga. A gente errou. Vocês estão certos. E eu não sei o que fazer.

Ele vai se sentir assim. Agora, você pode dizer:

— Olha, nós estamos enxergando que seu filho está sofrendo. Eu enxergo o sofrimento do seu filho. Eu enxergo que há algo que ele quer nos dizer.

Então, quando você faz esse movimento, você cria um outro nível de relação, em que, muitas vezes, o pai – e já experimentamos isso muitas vezes em atendimento – ou a mãe, ou os dois, de fato, chegam a dizer:

— Olha, acho que, realmente, a gente não está dando conta, não estamos sabendo o que fazer.

Então, nós conseguimos ajudá-lo. Mas a pergunta é: "Pra quem eu olho?". Toda a pedagogia sistêmica busca para onde eu estou olhando. Eu estou olhando para a criança? Eu estou olhando para o adolescente? Ou eu estou querendo estar certo, ter razão, mostrar que estamos certos e somos melhores.

Para quem eu olho? Eu olho para buscar soluções que beneficiem a todos, ou eu olho só para o campo da escola? Se fizer assim, deixo de estar a serviço dessa relação, que é uma relação profundamente conectiva, porque eles estão aqui, diante de mim, sob o meu olhar.

Na sala dos professores, nós podemos criar um ambiente completamente diferente, porque a sala dos professores reverbera em cada sala de aula da escola. Aquilo que nós falamos na sala dos professores, os alunos sentem. Eles não precisam ouvir. Na nossa escola em Pindamonhangaba, observamos um fenômeno muito interessante. Grupos de alunos na hora dos intervalos vêm e ficam postados na porta da sala dos professores. É incrível!

A escola é grande, tem gramado, tem quadra, tem espaços para eles ficarem absolutamente longe das nossas vistas. Mas eles ficam todos ali, do nosso lado, no corredor, apinhados. Há alguém que uma criança, um adolescente, admire? Há alguém diferente que uma criança queira olhar com encantamento? As crianças olham com encantamento para os professores. Na educação infantil, as crianças olham para o professor, a professora. É uma deusa. A professora é uma rainha. A professora é... "minha professora". As crianças correm... Aqui na escola, os meninos vêm e dizem: "Diretor, diretor...". Dizem isso para o diretor, dizem isso para mim. "Diretor, diretor". Eles querem ser vistos. Eles querem ser olhados, enxergados, percebidos. Então, a sala dos professores reverbera em toda a escola. O que nós falamos... E quantas vezes nós estamos ali, simplesmente, excluindo aquilo que eles trazem, que é parte deles. Não adianta lutarmos contra isso. É fundamental que possamos concordar com isso. Concordar que essas famílias são assim. Tem famílias em que, de fato, a mãe traiu, o marido arranjou três mulheres, houve corrupção, um está preso. Todas as famílias, todos os pais, todas as crianças são boas. Todas as famílias são certas dentro da conformação que elas têm. Buscar não julgar essa relação, essa é a nossa ajuda.

Participante – Mas aí a gente passa uma informação. Quando a gente diz: "Tem que aceitar aquela família", às vezes, tem alguns comportamentos da moda, como você citou. Então, acho que é importante ressaltar isso: a gente aceita, a gente trabalha junto para que haja uma transformação, porque a criança se relaciona com os pais. Então, se ela traz algo negativo, ela vai acabar respingando nas demais crianças. Como na história do menino agressivo. Então, de certa forma, a escola faz essa parceria também para colaborar com essa transformação positiva.

Laureano – Eu tiraria a imagem do aceitar e de uma transformação positiva. Eu traria uma imagem diferente: a imagem de concordar. Concordar significa que eu digo sim com o meu coração para a história e o destino dessa criança, dessa família, que eu desconheço. O concordar significa que eu dou lugar para essa família na relação comigo. Ao dar esse lugar, eu abro espaço para que algo aconteça, mas não é da minha intenção ser positivo ou não. Eu simplesmente respeito. E qual é o espaço que eu tenho que abrir? Aqui eu tenho que dar espaço, acolher e buscar soluções que não excluam, soluções que tragam essa criança, com respeito, para dentro desse campo. Então, não me cabe entrar no campo familiar e desejar, ou ter intenção, ou querer mudar. Mas respeitar e trazer essa criança para que ela possa agir bem aqui. Qualquer criança, qualquer adolescente respeitado no drama que vive vai ter uma postura diferente.

A força do aluno está no próprio aluno, está na própria família, não está em nós. Nós, escola, nós, professores, não temos o poder de acionar a força dele. Mas quando eu respeito a história, o destino dele, eu deixo de ter pena. Provavelmente, algum professor aqui já experimentou a sensação de ter pena, de ter dó de um aluno, e talvez tenha sido atento para o que isso causa. E já experimentou o oposto, que é olhar e dizer que essa situação, que esse destino, possa ser um recurso, uma força.

Porque todos temos força para lidar com nossos destinos. É como olhar para um filho quando a mãe diz assim: "Eu tenho medo do que esse pai pode fazer com esse filho". Mas, um filho tem força para lidar com o pai. E muitas vezes nós fizemos isso com as mães que não confiam nos pais. Porque muitas mães não confiam nos pais para cuidar dos filhos. Isso é um pouco da natureza da mãe, de achar que o homem não tem a mesma sabedoria da mãe. É uma forma diferente de cuidar.

Quantas vezes a gente tem que dizer para a mãe: "Esse filho tem a força para lidar com o pai que tem". E é desse pai certo que ele precisa. Não fomos nós que escolhemos. "Você escolheu a família em que você nasceu?". Nenhuma criança escolhe. Então, respeitamos os destinos. Quando respeitamos o destino, damos um lugar para a criança. Essa criança fica melhor dentro do sistema escolar. Conseguimos achar soluções para ela ficar melhor, mas a gente não consegue interferir no campo familiar. A nossa interferência é indireta.

Participante – Eu acho assim, escola é um lugar de aprendizado, um lugar pedagógico, um lugar de aprender. Escola não tem um olhar clínico. A escola não é clínica. A gente não tem como resolver as questões. Tem como a gente estar presente. Se eu estou presente, disponível, sem julgamento, eu tenho força e aí eu conquisto minha vitória particular. E quando eu tenho a minha vitória particular, o que é que eu tenho? Estamos trabalhando com o programa de mindfulness: estar presente, disponível, sem julgar. É saber qual a minha missão neste mundo, o que é que eu vim fazer nesta vida. E aí eu tenho força, porque eu pego a força do meu pai e da minha mãe, do meu avô, de todo mundo que veio atrás de mim. E eu tenho propósito. Junto com isso eu consigo priorizar. Se eu consigo priorizar, eu sei o lugar em que eu estou. Então, se eu sei priorizar, na escola eu sou a professora. Eu não sou meia professora. Eu não sou meia mãe e meia professora. Eu sou a professora, só professora. Eu estou aqui para ensinar. Então, nesse sentido, eu entendo a vitória particular, quando eu tomo esses três hábitos e entendo... Saio dessa dependência e chego na independência. Eu sei onde eu estou. Isso, de alguma forma, me faz ver... O professor que sabe isso, a gente reconhece esse professor como o professor. Sabe aquele professor que a gente fala: "Aquele professor é o professor". Porque ele está no seu lugar de força. Ele não quer ser melhor que a mãe. Ele não quer dizer que o filho tem que cortar a unha, cortar o cabelo... Mas ele vai ensinar com qualidade o que lhe cabe somente sendo professor.

Laureano – Então, se eu entendi o que você está dizendo, o lugar da escola não é um espaço clínico. Então, quando nós falamos da educação, nós estamos falando de uma educação que é emocional o tempo todo, mas que vai ser cada vez mais eficaz se ficarmos no nosso lugar de escola. E, assim, vem a postura de respeito, de deixar para a família o que é da família e trazer da escola o que é da escola; efetivamente, cria uma relação de parceria diferente. E isso traz um outro olhar para a educação emocional.

Participante – Então, se você parar para pensar, todas as crianças precisam ser olhadas, todas as crianças vêm para aprender. Nenhuma criança não quer aprender, não quer não ficar na escola. Não tem isso. Algo naquele ambiente familiar ou naquela situação faz com que ela se comporte daquela determinada maneira, positiva ou negativa. Para mim, é isso. Tem o afeto, a criança chega muito feliz, porque chega emocionada. Mas tem aquelas que chegam mordendo o mundo porque em casa está muito difícil. É aquele exemplo que eu lhe contei: a menina chega na escola chorando muito, muito, muito.

— O que aconteceu com você?

— A minha mãe perdeu o emprego.

— A sua mamãe perdeu o emprego? Pôxa. Mas isso é coisa da sua mamãe. Fica segura. Sua mãe tem força. Ela vai dar conta disso.

— Eu não quero entrar na sala. Eu não vou entrar na sala.

Chora muito. Aí você pensa: "O que é que eu faço com isso?".

— Então, vamos olhar a missão da sua sala. O que está escrito aqui? Como é que fica o coração da sua mamãe se você entrar para assistir aula?

— Feliz!

— O que é que você acha, então, de você entrar na sala para deixar o coração da sua mãe feliz? Vamos olhar a sua missão? (que é o lugar de força dela) Qual é a missão da sua sala? Aprender... estar presente... Vamos seguir a missão? O seu nome está assinado aqui.

— Está bom!

Ela foi lá, lavou o rosto, entrou na sala e tudo bem. Então, isso é fazer com que ela tenha a sua vitória particular. É estar presente. É reconhecer nela o lugar de força dela, que é só de filha e aluna.

Laureano – Que é muito diferente de você entrar na família. É dizer: "O que faz sua mãe feliz? O que faz seu pai feliz? É você estar estudando. É você estar cumprindo sua missão". Isso traz um viés acadêmico, mas de uma maneira respeitosa, sem excluir a dor, sem excluir a dificuldade, sem excluir aquilo que a criança está trazendo.

Participante – Um menino chega na sala (esta semana) e diz:

— Você sabe que horas que meu pai me acordou? Seis horas da manhã.

— Por que é que ele acordou você seis horas da manhã?

— Porque eu fui para Taubaté. Ele teve que me levar no psicólogo, e ele me deixou lá.

— Mas por que seu pai te deixou lá?

— Porque ele tinha que trabalhar!

— Puxa, que pai legal. De onde vem a força que você tem? De onde vem o dinheiro para comprar as coisas que você tem? Desse pai que acordou cedo para trabalhar. Nossa, você tem um pai bacana!

Ele parou de chorar. Ele parou de chorar, respirou e... Isso, eu olhei para a força dele. Quando eu olho para a força é porque eu estou no meu lugar. Se eu digo: "Verdade, esse pai acorda cedo. Que coisa horrível. Malvadeza. Vai no psicólogo...". Aí é julgamento. E eu vejo a força que ele tem e ele caminha. É nesse sentido. É esse o caminho da vitória particular.

Laureano – Excelente... É isso.

Participante – A maior dificuldade que a gente sente – aquilo que você falou – é saber que aquele é o pai certo. É difícil entender que aquele pai é o pai certo. O que você faz, antes de tudo, é o julgamento. "Então, esse pai está agindo errado". A hora que ele falou que o pai deixou às 6 horas lá. "Deixar às 6 horas uma criança no psicólogo?". O que é que eu vou fazer? Eu vou julgar primeiro. Mas você fala assim que aquele pai é o pai certo, seja prostituta, seja quem for. E essa dificuldade que a gente tem, é isso que a gente não consegue. Encontrar aquele pai... porque a gente vem com tudo pronto, que a gente é o certo, e a gente diz assim: "Você está fazendo errado". Então, ele não vai ser um pai legal para a criança, que a gente acha... Essa é a dificuldade que a gente tem.

Participante – Nas duas situações que a Maria Clara (a menina que chorava, na sala da coordenação) colocou, eu acho que o que ficou mais diferente da escola tradicional (que a gente vinha) para esta de agora é que, numa escola tradicional, o que é que a gente teria? A coordenadora dizendo: "Você tem que entrar na sala. Vai lavar o rosto". Eu acho que, no momento em que você faz isso, a criança, eu, enquanto criança, entendo que meu pai e minha mãe ficaram lá fora da escola e que agora eu tenho que dar conta desse espaço aqui sozinha. Eu acho que esse movimento que a escola faz, esse trabalho todo de entender que o pai e a mãe vêm junto, dá força para a criança dentro da escola.

A coordenação fez uma orientação na semana passada e eu estava presente. Aconteceu no mesmo dia a transformação, por isso pra mim foi fantástico. Eu estava desde janeiro tentando trabalhar a questão de um registro de um aluno de letra cursiva.

— Maristela (coordenadora de fundamental I), me ajuda. Não dá para entender o que esse menino escreve. Eu vou pôr caderno de caligrafia. Maristela, socorro! Ele esconde o caderno de caligrafia, ele não traz, ele está deixando em casa. Ele mentiu para o pai que perdeu.

E a Maristela:

— Vamos chamar esse pai.

A gente fez uma conversa com o pai, toda mediada pela Maristela. Foi supertranquilo. E a Maristela me chamou na sala dela e disse:

— Ó, eu vou te dar uma orientação e você vê se consegue fazer, se você dá conta, se você quer que eu faça.

Eu disse:

— Não, eu vou fazer.

— Você vai chegar para esse aluno, olhar nos olhos dele e vai dizer com o coração: "Eu conheci o seu pai. Eu admiro o seu pai. Eu enxerguei você no seu pai. Eu enxergo seu pai e sua mãe".

E ela fez toda a orientação de como seria essa conversa. E eu chamei o aluno e conversei. Quando eu estava terminando de falar, ele começou a chorar. Então, ele respirou, assim, e voltou para o lugar dele. No mesmo dia, numa situação que eu estava tentando desde janeiro, a gente fez uma atividade no caderno. Quando ele trouxe para mim o registro, a letra dele era outra. Tudo enfeitado. Tudo colorido. Era outra... No mesmo dia.

Laureano – Essa é a força da pedagogia sistêmica. Você reconhecer o que está presente...

Participante – Mas o movimento anterior também foi feito em relação ao pai. Uma relação de respeito ao pai. Falar para o pai: "Confia. Ele dá conta. Confia nele". Olha como é forte a relação sistêmica. O pai tem a guarda. Ele acha que tem que dar conta. Ele sempre acha que está faltando alguma coisa para o filho. E aí eu disse: "Você é o pai certo. Está tudo certo. Ele tem um ótimo pai". Quando você fala isso para o pai, o pai chora, na hora, na hora. Parece que você aperta um botão. Porque, de alguma forma, você reconhece. Quando você fala do coração, é lógico, não da boca pra fora. Porque você reconhece no pai todo o trabalho, todo o esforço, tudo o que ele faz para aquele filho.

Laureano – Porque, essencialmente e genuinamente, você está reconhecendo que cada um dá o que tem. E o que tem é o melhor.

Participante – É o melhor. Quando você fala isso, ele relaxa. Ele fala: "Não estou sendo criticado. Estou tentando fazer o que eu posso". Quer dizer, volto para a questão da vitória particular... que é relacionada à missão dele. Por que é que ele tem aquele filho? Por que é que ele tem aquela guarda? É isso! Quando eu fiz isso e ela fez com o aluno, acabou... Então, não tem caderno de caligrafia... encaminhar para o psicopedagogo porque tem um problema motor. Não.

Laureano – A maior parte dos problemas pedagógicos que, numa formatação normal, a gente encaminha para o psicopedagogo e fica esperando um diagnóstico, nós conseguimos solucionar quando temos uma postura de olhar para a criança e para o sintoma que essa criança está manifestando. Porque, de fato, não existem crianças difíceis. Bert Hellinger diz que existem crianças que trazem sintomas de um sistema. Porque elas estão a serviço de algo excluído dentro dessas famílias. E, muitas vezes, a criança está fazendo o sintoma de um pai alcoólatra excluído, de alguém que está enfrentando uma dificuldade, de uma mãe que está doente.

Quando você, no atendimento ao pai e no atendimento à criança, traz esse excluído, algo é movido... Porque a postura fenomenológica significa que, quando eu estou diante de alguém que está sofrendo, eu sou capaz de me conectar com a dor dessa pessoa, para onde ela está olhando, mesmo que eu não saiba o que é. Eu sou capaz de olhar para onde uma pessoa está olhando, simplesmente sem julgar, sem dizer nada. Muitas vezes, num atendimento, quando eu consigo fazer isso, de estar com a pessoa, simplesmente, estar com a pessoa, respeitando e honrando o espaço de dor que ela está sentindo e para onde ela está olhando, eu consigo trazer aí algo para essa relação, algo que traga mais nessa relação. Então, esse é o movimento sistêmico, o que a pedagogia sistêmica propõe, que a gente olhe para o aluno e para onde o aluno olha. Quando olhamos para onde o aluno olha, alguma solução vem daí, mesmo que seja para ele ficar mais seguro.

Participante– Nesse olhar da pedagogia sistêmica, se pudesse fazer uma pesquisa, mensurar, o que mais a gente vê, que é o mais forte, é a questão de estar no lugar. Porque muitas vezes a mãe sai do lugar, porque ela quer ocupar o lugar do pai ou excluir esse pai, dizendo "o pai não é bom", "ele não vai dar conta", ou "eu não gosto desse homem", então "ele não serve para ser o pai do meu filho". Tem criança na sala dela que diz que ela não tem pai. "A minha mãe disse que eu não tenho pai".

Participante – Aí ele diz pra mim:

— Eu não consigo. Está difícil pra mim.

Aí eu falo:

— Claro que você consegue. Eu consigo ver em você uma força tão grande, a força dos seus pais.

E ele faz.

Laureano – Esse é o fenômeno. A gente pode entender que uma criança não está disponível para aprender quando ela está entre um casal. Esse depoimento da criança que a mãe diz "Você não tem pai"... ou, na verdade, esse depoimento de "Eu não concordo com a sua mãe, eu não concordo com o seu pai", faz com que haja uma impossibilidade. Aí a gente entra em uma questão muito importante da pedagogia sistêmica que é o educador secreto (Marianne Franke).

O educador secreto

O educador secreto é o que a criança traz para a escola. Ouvi esse conceito em um curso com Marianne Franke. É na relação do casal, no clima construído em casa, que a criança fica disponível para aprender. É na química criada pelos pais, no espaço amoroso entre pai e mãe, que uma criança pode florescer. As crianças precisam estar disponíveis para aprender. E essa disponibilidade vem do educador secreto. As crianças vêm para a escola com essa dimensão do educador secreto. Por isso, a criança não tem problemas, mas ela traz sintomas do seu sistema familiar.

E a escola, os professores, não conseguem recriar esse clima de casa. O que nós podemos fazer respeitosamente é, quando olhamos as crianças, olharmos para o pai e olharmos para a mãe. É olharmos com aquele olhar inclusivo, porque todos os que estão vinculados ao sistema da criança, quando são vistos por nós com respeito, são de alguma forma reconhecidos pela nossa postura, pelo que sentimos em nosso coração; a frase mais forte usada por Marianne Franke, que foi uma pessoa que influenciou todo o trabalho que a gente desenvolve aqui na pedagogia sistêmica é: "Eu vejo você"! Significa que eu vejo, não você como indivíduo. Eu vejo você com toda a força do seu sistema. Eu vejo você e todos os recursos para que você possa fazer o caminho de sua vitória particular.

Esse educador secreto, nós, a escola, não conseguimos reproduzir. Essa é a base de uma educação emocional. É respeitar esse educador secreto. Então, quando uma professora acolhe uma criança que está com dificuldade de ficar na escola, porque ela não está disponível, porque essa criança está vivendo algum conflito... de uma separação, ou uma perda... Este ano, quantas crianças perderam o pai na escola. Pais... perderam pais, os pais morreram. Vários pais morreram, este ano, na escola, de alunos do ensino médio, do ensino fundamental. Nós perdemos dois professores no ano passado. Foi um impacto enorme a perda desses dois professores, cada um ícone à sua maneira em todo o campo da escola. Uma perda enorme, que ressoou por toda a comunidade, por todas as crianças!

Aquilo que nós trazemos da nossa casa é muito forte no campo da cognição. Portanto, por mais pedagógico, por mais acadêmico, excelente na pedagogia, excelente no acadêmico que nós sejamos, o educador secreto se faz presente. É essa disponibilidade que a criança traz. Quando eu entendo isso, eu abro a minha percepção, inclusive para esse espaço dentro de mim.

Porque quando eu entro em sala, eu entro em sala com o meu pai, a minha mãe, a minha história. Mas você pode pensar: "como é que eu entro em sala com meu pai e minha mãe?". Assim, no programa de liderança, trabalhamos com consciência, autoconsciência, imaginação e vontade independente. Quando você traz o seu pai e a sua mãe, e coloca o seu pai atrás de você à direita, a sua mãe atrás de você à esquerda, e dá uma encostadinha, você sente uma mudança de postura imediatamente.

Você não entra sozinho dentro da sala. Eu não entro sozinho em sala nenhuma. Eu sempre entro com uma turminha: com meu avô que era sábio, meu outro avô que era altamente conectado a um propósito espiritual, com minha avó que era generosa, com minha outra avó que era brava (parecia uma índia brava). Eu entro com eles. Então, existe um educador secreto para além do tempo e do espaço.

Agora, se estou desconectado do meu pai, se eu estou desconectado da minha mãe, como eu entro na escola? Eu entro sem alegria. E entrar sem alegria numa sala de aula significa dizer para os alunos: "Vocês não vão aprender". Porque ninguém aprende com uma pessoa que não tem alegria (Marianne Franke). Os professores que se alegram são professores que estão conectados com as suas raízes. Eles são gratos, cada um à sua maneira.

A escola não consegue suprir o que o educador secreto traz. Mas nós podemos, respeitosamente, colocar o excluído no nosso coração. Então, quando você está diante de uma criança que diz assim: "Minha mãe disse que eu não tenho pai", você fala: "Ah, mas no meu coração há um lugar para o seu pai". E se você estiver bem conectado, você vai dizer assim: "Olha, eu tenho certeza que esse olho aí é o olho do seu pai; tenho certeza de que esse nariz é o nariz do seu pai" (aprendemos essa postura com Hellen da Fonseca). E não há criança que não se alegre.

Todos os dias, quando eu entro na escola, a minha filha – numa alegria enorme – vem pulando. A criança em direção ao pai é a imagem mais bonita que tem. Elas se penduram em nós. Com a mãe... A mãe é onde tudo começa. Como diz a Wilma, que foi uma das minhas professoras em constelação familiar, "tudo começa e termina com a mãe". Começa com a mãe e termina com a mãe. E nós, pais, homens, nem temos que ter muita inveja disso. Nós também viemos de uma mãe... E os filhos têm a nossa força. Quando você olha um pai, quanta força...

Lembro aqui de uma história interessante do filho da nossa professora de 1º ano. Ele teve um desenvolvimento extraordinário no ano passado. Tudo porque, em um determinado momento, a mãe disse: "Vai ver seu pai". Porque a mãe tem esse poder. Só a mãe pode levar o filho e a filha para o pai. Ninguém mais pode. Só a mãe pode fazer isso. E quando a mãe diz "vai ver seu pai", com o coração, tem uma força enorme para o menino. Levar o filho para o pai significa olhar para o filho e dizer: "Eu amo em você aquilo que é do seu pai". Mesmo que você tenha se separado, você é capaz de dizer: "Esse pai é o pai certo para você, eu o escolhi para ser seu pai". E quando você ama no filho o homem ou a mulher que você escolheu, que força, que alegria! E, muitas vezes, nós somos confrontados e desafiados com isso. Quando a gente se separa, não fica muito disponível para dizer isso de pronto: "Eu amo a sua mãe em você".

Mas é exatamente isso que a gente vê no olhinho da criança, na cor do cabelo, o jeito alegre que traz ali os 50% daquela mãe sem a qual não seria possível aquela vida.

Então, a história desse menino foi linda, de como ele se desenvolveu, as suas notas aumentaram, depois de ter sido liberado pela mãe, internamente e diretamente, para encontrar-se com seu pai. Você quer falar sobre isso?

Participante – Realmente, foi mesmo. Quando você estava dando a explicação para a Elen... Com o meu filho, foi mesmo, porque, quando eu fui chamada aqui na escola, eu trouxe a força do meu pai. "Vamos comigo". Porque eu já estava aflita. Falou de vir na escola, eu falei: "É bomba! Vamos comigo". E eu vim, meu pai veio junto. Meu pai veio para me dar força. Achei que meu filho seria convidado a se retirar da escola. Quando cheguei aqui, fui recebida de outra maneira. Não que eu não fosse recebida bem, em outras vezes, mas... Então, acho que tudo que você falou naquele dia, da história do pai e tudo mais, me ajudou muito depois. E meu pai também ficou encantado com tudo. Nossa conversa me ajudou a falar com meu filho. Me deu um gancho para eu contar a história do pai dele. Porque até então ele não sabia da história e tudo mais. Enfim, eu sempre tentava poupar todos os acontecimentos da vida do pai. Então, quando conversamos aqui na escola, fiquei aberta. Um dia, em casa, meu filho deu uma deixa e eu consegui. Eu me fortaleci e consegui contar toda a história para ele e tudo mais. E, realmente, ele me surpreendeu. Ele aceitou tudo aquilo com uma naturalidade que eu nunca imaginei. Ele foi tão maduro com tudo aquilo que eu fiquei surpresa. E daí por diante, realmente, foi mesmo. Ele tirou 10 de matemática... Ele até quis fazer esporte. Eu tentei pôr... menos no basquete.

Laureano – O basquete era uma força do pai. Faz parte da história dele, é um recurso.

Participante – Natação, judô...

Laureano – Olha só o que é a força masculina. O homem deve ir na direção do pai, para aprender com o pai. A menina tem que ficar com a mãe, aprender com a mãe a ser mulher. Nesse sentido está a nossa força. Então, quando o homem vai totalmente para o pai, já passou pela mãe. Porque se a mãe não entregar esse menino para o pai... como ele fica?

Participante – Então, a escola tem um papel muito importante. Na minha casa, realmente, foi uma deixa, toda aquela nossa conversa e tudo o mais, toda aquela acolhida que proporcionou... Tem vários fatores, mas, de repente, se você, naquele dia, não estivesse disponível, talvez eu tivesse encarado de outra maneira.

UMA CRIANÇA DE CADA VEZ: EDUCAÇÃO EMOCIONAL E LIDERANÇA

Laureano – A força da intervenção do diretor, do coordenador, do orientador pedagógico, a força da pedagogia sistêmica na relação com as famílias, é sem intenção. Toda vez que eu coloco uma intenção de ajudar, eu estou levando aquilo que eu acho que é melhor, e a solução nunca está comigo. A solução está com o sistema. A solução está com a força da mãe, com a força do pai, com a força do avô. Quando eu coloco uma intenção de conduzir, eu deixo de ser conduzido para a melhor solução. Então, essa é a força da pedagogia sistêmica. Quando eu tiro a intenção, eu permito que aquilo que me conduz e também o conduz possa encontrar a melhor saída. É um exercício de entrega para que a solução seja a melhor solução, porque eu desconheço o que é melhor para o outro. Eu desconheço o que é melhor dentro daquele sistema. Eu não tenho as informações. Eu não tenho os dados. O que eu posso ter? Uma postura de respeito.

Participante – Eu acho que cabe falar, é importante falar que, às vezes, a gente é tomado por isso: a importância de ter resolvido o caso. Nunca é a gente. A gente tem a infantilidade, a imaturidade de achar que a gente tem o poder de resolver algo em um sistema que é tão forte assim. Não temos. Então, a importância pessoal toma conta da gente. Devemos estar atentos com o estrelato. Ficarmos neutros para que o caso seja resolvido sozinho. Não tem intenção. Não pode ter intenção.

Laureano – A dimensão que a Eliane traz é assim: se eu quero atuar no meu poder pessoal, então eu fico no meu lugar, no caso, de ajudante. O que é um ajudante? Alguém que facilita. O professor é um facilitador. O professor é um consultor. O professor não traz a solução. Ele simplesmente testemunha. Ele é um consultor e, ao olhar com respeito, ele simplesmente, às vezes, dá um passo atrás. O problema é quando a gente quer ter importância pessoal. A importância pessoal significa que eu atribuo a mim qualquer tipo de solução de um problema. Aí eu perco o foco. O foco está sempre nas pessoas. O foco está na solução dos problemas e não na minha importância pessoal. Então o poder pessoal ocorre quando eu abro mão de ser importante. Eu simplesmente entro e entrego para uma força maior.

Ao atender qualquer pai, mãe, ao atender qualquer aluno, a gente pode fazer um exercício de entrega: sentir-se vazio. Sentar-se vazio significa sentar sem uma história prévia, sentar sem "pré-conceitos", sentar sem julgamento, sentar sem nenhum tipo de construção conceitual, sobre um diagnóstico que estejam dando sobre aquela criança. Quando eu me esvazio e fico ali, disponível, algo acontece. E, muitas vezes, algo que a gente não suspeitaria vem como solução, porque a gente desconhece de verdade aquilo. É o que acontece nas constelações familiares. Ou seja, a cada passo, você não sabe o que vai acontecer. A cada passo, você não sabe a solução que vai vir. Então, você dá um passo de cada vez.

Participante – O hábito três, no programa O Líder em Mim, é o lado da organização, da priorização, que me mostra os diversos papéis que eu tenho como pessoa: como mãe, como filha etc. Na escola, muitas vezes, as mães não estão no lugar de mãe. Talvez isso... Eu tenho pensado muito sobre isso, que justifique, explique ou me convença por que as crianças, às vezes, são tão imaturas.

Porque quando a mãe sai do papel de mãe e ocupa o lugar do pai... Eu excluo aquele pai. Não existe pai. Eu faço o papel de mãe e pai, como se isso fosse possível. Eu, saindo do meu lugar e excluindo esse pai... as crianças, de alguma forma, ficam sem algo importante. Porque mãe é mão, é ninho, é cuidado. O pai é pé, é empurrar para a vida. Quando esse lado, como você mostrou, fica faltando, as crianças, me parece, ficam cada vez mais imaturas, cada vez mais sem autonomia e cada vez mais cheias de mimimi, eu acho. Porque me parece que elas ficam sem força. Elas não saem da dependência.

Laureano – O importante nisso é que nós, escola, tenhamos um profundo respeito por essa dinâmica. Um profundo respeito pelo fato de que nós estamos vivendo um tempo de grande exclusão do masculino. O masculino está sendo excluído e, às vezes, há um movimento compensató-rio, porque o feminino também foi muito excluído. Na verdade, homens e mulheres são iguais. Não há essa questão de gênero. Homens e mulheres são iguais. Eles têm funções e papéis biológicos diferentes. Culturalmente, nós criamos ideologias, nós criamos movimentos, às vezes necessários, para corrigir distorções, mas esses movimentos, às vezes, vão muito além e acabam tendo efeito sobre as crianças. Como ficam, por exemplo, os filhos que não podem estar em contato com os pais, que são alienados dos pais? Como ficam essas crianças? Como elas se desenvolvem? O que falta? E muitas vezes, a própria lei permite essa exclusão.

UMA CRIANÇA DE CADA VEZ: EDUCAÇÃO EMOCIONAL E LIDERANÇA

Participante – Eu vi você falando e vou voltar um pouquinho no que, acho, seria a minha realidade. Nós vemos as famílias, cada dia mais, em frangalhos. Essa estrutura familiar que eu tenho, por exemplo, na minha casa, o pai forte, a mãe forte, hoje, é muito raro a gente encontrar os pais assim. E as crianças estão carentes. Essa falta de autonomia, para mim, de certa forma, é carência, porque ela não tem essa referência tão forte por trás. E aí eu me ponho no papel do que é nossa realidade agora. A sociedade cobra, cobra resultado, cobra nota, cobra desempenho, e a gente precisa dar conta disso numa criança que está, de certa forma, desestruturada. E aí essa cobrança, nota, desempenho, ranking, tudo isso vem por trás. É claro que a gente tem que enxergar a criança como um todo. Acredito muito nessa parte afetiva, a construção da família na parte intelectual da criança também é de suma importância. Mas eu vejo que a cada dia essa cobrança da sociedade em si vai de encontro a tudo isso.

Laureano – Nós estamos vivendo momentos muito contraditórios no campo da educação. Mas a pedagogia sistêmica, quando nós ficamos no lugar de escola, e incluímos as famílias, a gente dá conta melhor do acadêmico. Quando você olha só para a nota do desempenho, do ranking, você gera distorções, como alunos que estão se matando, alunos que na hora de um exame final não dão conta de fazer. Qual a base emocional do aprendizado? É quando, além da excelência acadêmica, da nossa qualidade técnica, do nosso currículo, da metodologia que nós usamos, a gente consegue chegar e escrever "aprender é fácil", uma técnica que a gente usa aqui. Ou quando você diz assim: "Se você colocar o seu pai e a sua mãe, você pode fazer melhor os cálculos de matemática".

Marianne Franke fez experiências interessantes com alunos que resolviam questões matemáticas, colocando o pai e a mãe atrás dos alunos que faziam os mesmos exercícios sem o pai e a mãe atrás. Alguns alunos tinham a percepção tão apurada... Marianne fez essa experiência. Ela trabalhou com constelações dentro da sala de aula, uma coisa que depois ela explica que não é o caminho adequado. Mas quando Marianne Franke fazia essa experiência, ela dizia assim... muitos alunos diziam assim: "Ah, pra matemática eu não coloquei meu pai, não. Eu pus a minha avó. Ah, pra português eu pus a minha tia". A questão é: qual recurso que o familiar trouxe? Não cabe a nós o julgamento das famílias, mas trazer a força que está nas famílias, independentemente das ações que elas praticam. Porque a força do pai e da mãe, a força do sistema, não está nos atos das pessoas, está na vida que atravessa esse sistema e dos recursos que vêm.

Participante – Então seria, de certa forma, que a criança consiga e nós, professores mediadores, vamos conversar com essa criança e fazer com que ela perceba os pontos fortes desse pai e dessa mãe.

Laureano – Na verdade, na pedagogia sistêmica, nós experimentamos aqui algo até diferente. O que nós experimentamos é que você não precisa nem falar. Na verdade, quando você se conecta com os pais, em uma imagem interna, você consegue perceber claramente o movimento... (Fiz um movimento silencioso de olhar todo o sistema da coordenadora que me fez a pergunta). Você percebe o movimento que eu fiz? Eu fiz um movimento muito simples. Eu, simplesmente, incluí o seu sistema em meu olhar. Ao incluir o sistema dela, algo acontece aqui. "Você sentiu? Eu senti, vindo de você, muito mais do que você". Quando eu olho para você e sinto o seu sistema, me vem coisas, me vem a força do seu pai, me vem a força da sua mãe. Isso, quando você faz com a criança, e ela está disponível, tem uma grande força... A criança vai sentir isso na hora. Um adulto não sente muito porque, às vezes, fica aqui na mente. É um exercício simples: você se conecta com o pai e a mãe e sente. Está presente, está aí, ela o constitui. Então, a excelência acadêmica, a metodologia, isso é o nosso dia a dia, o nosso cotidiano. Mas o que traz força é você reconhecer o lugar do outro dentro do sistema no qual você está. Isso traz algo enorme. Vai fazer toda a diferença para esse tempo difícil que nós estamos vivendo.

A inclusão

Participante – Eu não conheço a pedagogia sistêmica. Eu não tenho essa base do que vocês estão falando, de falar: "Ah, eu estou vendo a força". De verdade, eu nunca pensei em entrar na sala de aula com o meu pai e a minha mãe, com a família. Não, mesmo. Então, eu fico ouvindo você falar, e eu penso assim: eu tenho consciência de que eu tenho que ter esse aluno no coração. Eu tenho que entrar e ter esse aluno pra mim... Essa consciência eu tenho. Quando eu faço a minha oração antes de sair de casa, sou grata pelo meu pai e pela minha mãe, pela vida deles. Isso eu faço todos os dias, mas eu não tenho essa consciência que vocês estão falando...

Laureano – De verdade, quando, na África do Sul, Bert Hellinger vivia entre os zulus, ele percebia que aquela sociedade era diferente porque as pessoas respeitavam os pais. No passado, quando havia respeito aos pais, ninguém precisava colocar o pai e a mãe atrás. As pessoas respeitavam os pais. Ao respeitar o pai e a mãe e ser grato, você está carregando essa força.

Participante – Porque isso, eu falo, a gente aprendeu isso com o pai e a mãe...

Laureano – O problema do mundo moderno, do mundo recente – o que significa, nos últimos 35 e 40 anos –, é que nós temos uma geração de pessoas que, conscientemente, diz assim: "Nós vamos fazer melhor que nossos pais". Nós temos uma geração que diz assim: "Eu vou fazer melhor que minha mãe". E o que acontece com uma mulher que diz "Eu vou fazer melhor que a minha mãe"? Ela vai fracassar. Ela vai enfrentar a seguinte questão: "Eu não consigo fazer nada para o mais se eu não respeito o que veio antes". Um professor que entra na sala de aula sem honrar o professor anterior vai ter muita dificuldade. "Quem foi seu professor, o professor que o antecedeu?".

As nossas gerações acharam que iam inventar um mundo novo. Então, dizem assim: "Eu vou criar um mundo novo, diferente, completamente melhor". E aí, quando queremos fazer melhor, não conseguimos fazer melhor. E pior, a gente acaba fazendo muito pior do que aquilo que estamos criticando. Essa é uma percepção clara em qualquer sistema, quando não respeitamos o que veio antes, quando não respeitamos o que é mais antigo. Vamos fracassar. Essa é uma observação fenomenológica, quando observamos os fatos, quando observamos as nossas realidades.

Bom, na dinâmica familiar, existe um fenômeno importante que é o fenômeno da interconsciência, quando nós manifestamos algo que faz parte do nosso sistema familiar. Quando algo no nosso sistema não está em ordem, ou quando alguém no nosso sistema está desvinculado (perdeu o vínculo), quando alguém está excluído, isso tem um efeito no nosso sistema familiar e, portanto, tem um efeito na nossa vida, no nosso desempenho, nas nossas relações.

Em relação à exclusão dos pais, é muito importante acentuar que as crianças amam os pais, independentemente de como isso se configura, mesmo quando as mães não permitem. Então, muitas vezes, a criança, por fidelidade à mãe, fica longe do pai, mas ela se sente culpada e ela espera, secretamente, que essa mãe a libere. Todas as crianças, incluindo a nossa criança, olham para alguém excluído no nosso sistema: para um avô, para um tio, para alguém que cometeu um assassinato, para alguém que experimentou uma homossexualidade ou outra experiência e foi julgado.

Quando nós excluímos alguém do nosso sistema? Quando nós não damos um lugar para essa pessoa no nosso sistema, quando não reconhecemos o igual direito de pertencimento que todos têm. As crianças se vinculam e passam a olhar para o excluído. Mesmo em um casamento, quando o homem é excluído, ou a mulher é excluída, a criança está entre o casal, ela se vincula àquele que está excluído. Muitos pais são excluídos, mesmo casados, porque a mãe constantemente critica, não confia, condena, fala mal, não deixa a criança, de fato, disponível para o pai, ou quando o pai age assim em relação à mãe.

Há dinâmicas de exclusão muito fortes na escola e que são muito comuns. Por exemplo, dos irmãozinhos. Crianças que, por exemplo, estão olhando para irmãozinhos que foram abortados, abortos espontâneos, ou às vezes abortos provocados, e essas crianças olham e se vinculam aos irmãozinhos. Há vários casos, no nosso meio, de crianças que trazem, como sintoma, por exemplo, não conseguir ler, não conseguir escrever, não se desenvolver. Recentemente, eu atendi uma mãe muito aflita, que várias vezes esteve na escola, junto à coordenação e à direção. E essa mãe e o pai, muito aflitos, não sabiam o que fazer com a filha, porque a filha estava na segunda série e não dava para repetir. E tinha muitas dificuldades na escrita e leitura. Legalmente, não é um mecanismo disponível reprovar a criança no fundamental I. Então, teria que aprovar a menina para a terceira série.

Em uma tarde de janeiro, sem nenhum tipo de programação, sem nenhum tipo de agendamento, essa mãe me viu e disse:

— Posso conversar com você?

E eu disse:

— Tudo bem.

UMA CRIANÇA DE CADA VEZ: EDUCAÇÃO EMOCIONAL E LIDERANÇA

Comecei a atendê-la e ela disse:

— Olha, eu tenho uma dúvida muito grande. Eu vim hoje na escola para resolver isso. E não imaginava encontrar você. Mas eu estou com dúvida. O que eu faço, porque eu não sei se fica no segundo, se vai para o terceiro.

E, naquele momento, eu fiz o que faço em todos meus atendimentos, que é me conectar com o coração da mãe. E ouvi a história dela, rapidamente, sem muitos elementos; e, sem intenção, trouxe a imagem interna da criança, me conectei à criança. Não tinha qualquer elemento claro para identificar quem era a aluna. Quando eu me conectei à criança, eu me conecto não a um aluno, a uma aluna. Eu me conecto a um campo. Olhar para esse campo significa estar aberto a algo que está ali presente. E imediatamente uma informação me veio: que essa mãe tinha um ou mais abortos. Então, eu fiz essa pergunta. Eu perguntei:

— Ela perdeu um irmãozinho?

Porque, sentindo a criança, ela olhava para um outro irmão, absolutamente tomada por esse irmão. E a mãe disse:

— Sim, teve um antes da irmã mais velha dela e um depois.

Então, eu expliquei que, na dinâmica da exclusão, há uma interconsciência, há uma consciência mais antiga, mais sábia do que a nossa consciência pessoal, que não permite que alguém fique excluído dentro de um sistema, dentro de uma família. Essa exclusão é inconsciente. Para evitar a dor, o sofrimento, manifesta-se como negação ou como um comportamento que evita olhar para esses eventos. Então, alguém desse sistema, geralmente de uma geração posterior, vai representar esse excluído, vai se conectar a esse excluído. Por quê? Porque nós fazemos parte desse campo que nos constitui. E ela me disse:

— De fato, eu tive dois abortos. Ela não sabe.

Então eu disse para ela:

— Eu acho importante você viver esse luto e, no momento em que você sentir no seu coração, muito conectada, chamá-la e falar do lugar que ela ocupa, e liberá-la para ter esses irmãozinhos no seu coração.

E disse para ela:

— Ela não tem nada. Esquece por enquanto o diagnóstico, esquece... Simplesmente, deixe ela no terceiro ano e ela vai seguir.

Então, ela fez isso. Isso aconteceu em janeiro. Quase no final de abril, ou seja, agora, há alguns dias, eu encontro essa mãe e ela fala:

— Está tudo bem. Ela está lendo, escrevendo. Não ficou de recuperação. E ontem, quando me perguntaram a respeito dela: "Ah, é a sua caçula?". "É, sim". E ela corrigiu prontamente: "Não sou, não. Tem um irmãozinho depois de mim".

A mãe fez um grande movimento interno, olhando e dando espaço para os filhos que perdeu; vivenciou o luto, chorou as suas perdas e encontrou uma maneira para conversar sobre as crianças com a filha. Nesse caso, encontramos uma boa solução...

Então, o efeito de trazer um excluído para o sistema é muito forte. Geralmente, os meninos dão muito trabalho quando os pais estão excluídos. Hiperatividade, déficit de atenção, toda essa febre de ritalina, de medicalização. "Ah, fulano tem déficit de atenção". Todo mundo tem déficit de atenção. Todo mundo é hiperativo. Na verdade, nós estamos vivendo um fenômeno de exclusão enorme de pais. E aí, essas crianças ficam como? Qual filho pode estar desconectado do pai? Não poder expressar esse amor... Não poder expressar essa dimensão tão preciosa...

Todos somos movidos por uma consciência intersubjetiva, uma consciência presente, uma consciência que nos liga a uma alma familiar. Não é possível alguém do meu sistema ficar fora. Então, essa consciência traz, por meio de um representante do sistema, esse excluído. E as crianças olham. Então, para onde as nossas crianças olham? Para onde a nossa criança olha? Quando observamos o nosso corpo, quando observamos o nosso movimento, para onde nós olhamos?

As crianças olham com amor. É um amor que se vincula cegamente a um destino difícil. E geralmente, quando nós nos vinculamos a um destino difícil de alguém que é maior do que nós, nós estamos infringindo uma ordem essencial da vida humana. Porque, na vida humana, aqueles que chegaram antes de nós têm um lugar de precedência, eles são maiores. Nossos pais, nossos avós, nossos tios, eles ocupam um lugar que os mais novos devem respeitar. Eles são grandes. Nós somos pequenos. Quando nós somos pequenos diante dos nossos pais, nós ganhamos força porque estamos no nosso lugar e aí, sim, podemos prosseguir, porque recebemos todo esse recurso e podemos passar esse recurso adiante. Porque nenhum de nós consegue devolver aos nossos pais o que nós recebemos. O que conseguimos é tornar os nossos filhos devedores dessa tarefa. No sentido de não ser possível quitar esta dívida, o que podemos fazer? Algo bom com isso.

Então, se o meu pai, se a minha mãe, se alguém do meu sistema teve um destino difícil, cabe a mim honrar e agradecer, porque alguém carregou o destino difícil para que o meu destino fosse mais leve, e para que eu possa fazer desse destino difícil uma força que me acompanhe, que me ajude a realizar algo que só eu posso realizar.

"Uma família não se dissolve. Uma família sempre permanece intacta. Ela não termina quando um homem ou uma mulher terminam uma relação amorosa" (FRANKE-GRICKSCH, 2014, p. 72). Ouvi isso do meu filho recentemente, numa conversa, quando falávamos de algo do casal e ele disse: "O que vocês fazem não me interessa. Meu pai e minha mãe não estão separados. Eles estão dentro de mim. Estão unidos". Eu pensei: "Bom, se ele continuar assim, vai criar bons movimentos". Por quê? Porque nós podemos nos separar da mulher, podemos nos separar do homem, mas do pai e da mãe não podemos nos separar nunca. Todo homem e toda mulher, quando têm filhos, juntam-se como homem e como mulher e como pais. Nos nossos filhos, nós sempre estaremos juntos. Isso leva a esse direito que "a criança tem de amar o seu pai e a sua mãe, de ficar com seu pai e com sua mãe, para aprender com eles, porque todos nós precisamos estar com nosso pai e nossa mãe e aprendermos com eles" (FRANKE-GRICKSCH, 2014, p. 72).

Enquanto as crianças são pequenas, os pais decidem. É bom que os pais decidam, mesmo separados, as questões das crianças juntos. Que possam estar de acordo, que possam olhar para as crianças, e tirar as crianças do seu meio, do seu campo de conflito. Quando "uma criança entra no campo de tensão, ela não fica livre. E o filho que pode amar ambos os pais, de verdade, é livre para se desenvolver" (FRANKE-GRICKSCH, 2014, p. 72).

É essa a imagem que Marianne Franke traz. Os filhos facilmente se introduzem entre nós. Assumem, saem do seu lugar de filhos pequenos e acham que dão conta de resolver as questões dos adultos. E quando nós achamos que damos conta de resolver algo dos nossos pais, a gente precisa ter respeito e humildade de saber: "Eu não dou conta do destino de meu pai. Não dou conta do destino de minha mãe. É grande demais para mim". Torna-se pesado. Eu dou conta do meu destino. Eu dou conta do meu sapato. Eu dou conta daquilo que cabe a mim.

Então, quando pais separados estão juntos discutindo coisas das crianças, as crianças têm olhos de falcão (FRANKE-GRICKSCH, 2014, p. 74). Elas ficam muito atentas para ver o que eles estão decidindo. Porque na sua alma, profundamente, elas querem amar os dois, porque os dois estão ali presentes. A imagem que Marianne Franke oferece às crianças de pais separados é uma imagem muito bonita. Os pais são as raízes e a criança é o dente. É a imagem que nós encontramos no seu livro Você é um de nós, em um quadro. Os pais são as raízes e as crianças são o dente. Por quê? Porque há um fio invisível que nos conecta aos nossos pais.

Hellen da Fonseca utiliza sempre, carregando um saco de corações em seus cursos, a imagem de corações conectados por um fio. Então, o coração da criança está conectado ao coração dos pais. Existe um fio invisível que nos liga. E esse fio não pode se romper. Nem a morte rompe esse fio. Então, temos uma imagem poderosa para os nossos alunos, quando a mãe está hospitalizada, está viajando a trabalho. É essa imagem poderosa. Eu me lembro de um depoimento da Eliane (professora) sobre um menino com a mãe na UTI. Você quer falar sobre isso?

Participante – Acho que eu não consigo.

Concordando com o destino das crianças

Laureano – A intervenção da Eliane foi muito bonita. E você pode me corrigir. Um dos nossos alunos estava com a mãe na UTI, já há dias, e ele estava trazendo sintomas de tristeza. Não queria sair para brincar no intervalo. E a Eliane deixou um tempo, esse processo, talvez mais de uma semana, observando, observando, sem chegar até ele. E num determinado momento, ela chega até ele e disse:

— Olha, eu estou vendo a sua dor. Eu estou vendo a sua dificuldade. Eu estou vendo o seu sofrimento. Mas eu quero que você me diga: "Como é que a sua mãe ficaria se, ao invés de ficar na sala, triste, chorando, você fosse para o intervalo, se você ficasse bem, estudando? Porque eu vejo a força da sua mãe. Ela é uma guerreira. Ela está lutando".

Aí você olha para o destino dessa criança sem nenhum tipo de julgamento, de peso. Você toma esse destino como recurso, uma força, porque, então, ele pode sair desse lugar e fazer algo bom com isso. "O que alegra a minha mãe? O que alegra?". Hoje, ainda, passei na escola da Ananda para vê-la no intervalo. Eu tinha prometido vê-la no intervalo. E ela veio, agarrou na minha perna e disse:

— Quero ir com você.

E eu disse:

— Mas o que vai me deixar mais alegre é ver você brincando com seus amigos.

Ela me beijou e saiu correndo.

É sermos capazes de olhar para esse destino. Esse exercício que a Eliane fez liberou o João, que saiu imediatamente e foi brincar. Então, é a capacidade de a gente olhar para esse fio invisível. É essa imagem que é usada nos cursos de educação sistêmica, que a Hellen da Fonseca, que o Idesv (Instituto de desenvolvimento para a vida) utiliza; muito bonita. O Idesv é um instituto que trabalha com educação sistêmica no Brasil. A imagem de que as crianças são a mistura do café com leite. Nós não conseguimos tirar o nosso papai, a nossa mamãe de nós. Eles estão dentro de nós. Não separamos leite e café. Uma imagem que uma professora, aluna dos cursos de sistêmica utilizou; propôs para que as crianças, então, fizessem a experiência. "Então, vamos misturar café com leite... e agora separem". Ela estava oferecendo prêmio para as crianças separarem. É impossível separar. As crianças ficam malucas. Mas não se separam.

As crianças, quando Marianne Frank fazia as constelações em sala, colocavam representantes para os seus pais. Então, elas reverenciavam os pais. Quando as crianças colocavam representantes para os pais, elas diziam: "Eu concordo que vocês vivam separados, mesmo que isso me doa. Eu sempre serei a criança de vocês dois". (FRANKE-GRICKSCH, 2014, p. 77). Essa é uma imagem muito forte do livro Você é um de nós, quando, na experiência de constelações que Mariane fazia, de constelações familiares, as crianças experimentavam essa realidade essencial, de que o homem e a mulher se separam, mas os pais não.

Então, a família torna-se um recurso muito importante. Eu só consigo, de fato, ter um propósito, o hábito 2 do Programa de Liderança, saber para onde eu vou, quando estou fortalecido pelas minhas raízes. O ser humano, desconectado dos pais, fica andando em círculos, não consegue, de fato, enxergar que nós recebemos recursos demais para ficarmos andando em círculos. Nesse sentido, todo dia é um dia absolutamente novo, diferente, para continuarmos carregando esses recursos. Então, lembra a imagem do hábito 2? "Nenhum vento é favorável para quem não sabe aonde quer chegar". Nenhum vento é favorável para quem está sem uma perna, seja do pai, seja da mãe. Nenhum vento é favorável para quem acha que chegou agora no mundo. Nenhum vento é favorável para quem não tem essa relação de gratidão, de honra aos ancestrais.

Aqui nós fizemos, inúmeras vezes, a experiência da força que flui da foto do pai e da mãe na sala de aula. Quando nós colocamos a foto do pai e da mãe, as crianças vão e se conectam, antes da prova; elas se conectam para receber essa força. Porque o que flui dos nossos pais é uma corrente que é antiga, ancestral, que vem por meio deles. É a forma como a vida chega por meio deles em nós.

FIGURA 6: ALUNO TOMANDO A FORÇA DOS PAIS. HÁ PAINÉIS NAS SALAS EM QUE PROFESSORAS TRABALHAM INCLUINDO AS FAMÍLIAS
FONTE: o autor

FIGURA 7: PROFESSORA ELIANA, DO QUARTO ANO DO ENSINO FUNDAMENTAL. A FOTO DA PROFESSORA E DE SEUS PAIS ESTÁ NO INÍCIO DO PAINEL DAS FAMÍLIAS
FONTE: o autor

Então, os nossos sistemas têm força. Qual é a força do seu sistema? As doenças, as falências...? Eu posso transformar o alcoolismo do meu pai em um recurso, ao invés de excluir essa experiência. Porque quando há um lugar no meu coração para o alcoolismo do meu pai, do meu avô, ou para uma experiência que ele teve fora do casamento, e outros filhos... Quando eu não dou lugar no meu coração para uma experiência dolorosa, o que é que eu faço? Eu trago essa experiência de novo para a minha vida. E aí o meu filho, ou o meu neto vai trazer essa experiência para mim. Então, enquanto eu estou julgando o alcoolismo do meu pai, o meu filho está bebendo, ou eu mesmo vou fazer algo muito pior, porque eu posso estar me destruindo de outras formas. Então, de onde vem a força? Tudo aquilo que vem do meu destino familiar pode ser um recurso ao invés de ser algo que eu excluo. Porque tudo aquilo que eu excluo cresce com toda a força dentro de mim. Tudo aquilo que eu excluo torna-se parte de mim. Porque aquilo que eu olho eu me torno. Aquilo com que eu me conecto eu me torno.

Para eu ir além é preciso que eu dê lugar em meu coração e eu sinta a força que isso tem. Então, se alguém me dá muita raiva, se eu tenho muito ódio de alguém, nada melhor do que olhar para essa pessoa e dizer: "Eu não sou melhor do que você. Nós somos iguais. Eu dou lugar para você no meu coração" (Bert Hellinger). Sinta como o seu corpo fica. Sinta como a sua alma fica, se ela não fica maior. Porque tudo aquilo que a gente exclui nos diminui, aprisiona-nos.

Tudo aquilo que incluímos torna-se força, recurso e, nesse sentido, quando nós olhamos para os nossos alunos e damos um lugar para o pai excluído, para a mãe excluída, para a mãe prostituta, para o pai alcoólatra, para o pai que foi corrupto, que foi preso, que está atravessando uma dificuldade... isso não é problema, isso é recurso. Eu não tenho dó dos filhos. Eu não tenho dó daquele destino. Aquele destino é tão válido quanto o meu destino. E ninguém tem um destino que não seja capaz de enfrentar. E se eu consigo dar esse lugar, tudo bem. Eu não tenho que me envergonhar. Isso se torna força, e eu posso fazer algo bom com isso.

Esse é um caminho importante da pedagogia sistêmica.

> O pensamento sistêmico inclui essa imagem de que alunos
> e professores estão conectados às suas famílias e a tudo que

esses sistemas de famílias têm como regras e como ideais. Mais do que isso, ser parte do sistema escola significa que a escola também faz parte de todos os sistemas familiares, estão conectados a ela. Ou usando a imagem de que as famílias de todos os alunos e de todos os professores estão representadas aqui. Então, nós aqui, hoje, este grupo, cada um de nós está representando e honrando os ancestrais do seu sistema. Cada um de um jeito. E todos os sistemas, todos os subsistemas escola, família, são igualmente válidos. (FRANKE-GRICKSCH, 2014, p. 85).

Participante – Laureano, quando você fala de aceitar os pais... um exemplo meu: meu pai era alcoólatra. E, assim, minha mãe se separou dele. Eu era muito pequena, mas nós íamos na casa dele, eu e os meus irmãos. O meu irmão, por ser o único homem da família, então, a minha mãe, acho que o guardou muito da presença do meu pai, por ter esse medo, e hoje, infelizmente, ele é uma pessoa que bebe. E assim, esse aceitar, que você fala, é aceitar de coração, de alma, mesmo que você tenha um pai alcoólatra, que você o respeita na figura paterna, de pai. É isso que você quer dizer?

Laureano – É exatamente o que você fez fisicamente. É dizer para o seu pai: "Eu vejo você, não o seu alcoolismo. Eu vejo você. Eu concordo que você é o pai certo para mim. Que a vida o trouxe e que eu ganhei esse presente enorme e eu dou um lugar no meu coração para você e para o alcoolismo, para esse destino". Porque, na verdade, o alcoolismo do seu pai está a serviço de algo excluído no seu sistema. E quando eu dou um lugar para o meu pai no meu coração, eu dou um lugar para o meu pai em todo o sistema. E nesse movimento, inclusive, eu posso liberar alguém que está aprisionado a esse destino de ter que viver algo que não precisaria viver. Isso pode ser liberado.

Meu avô, o grande amor da minha vida, morreu jovem. Toda vez que eu bebo, eu o homenageio. Em homenagem ao meu avô que bebia, com muito respeito, eu bebo em homenagem a todos os homens da minha família. Aos alcoólatras, àqueles que tiveram destinos difíceis, eu bebo, sem ser prisioneiro da bebida. Por quê? Porque não está excluído. Tudo aquilo que eu não excluo pode conviver comigo. Tudo aquilo que eu excluo ganha um espaço enorme dentro de mim e eu fico prisioneiro disso. Na verdade, a sua mãe, olhando amorosamente para o seu irmão, fez esse movimento. Mas o movimento é contrário. O movimento é dar lugar. É olhar para o seu pai e reconhecer: "Você é um de nós. Não tem problema que você beba. A bebida não é um problema meu. Você é meu pai e eu honro você". É um movimento profundo que você pode fazer. Colocar o seu pai na sua frente e dizer: "Eu sinto muito. Em algum momento eu achei que era melhor que você".

Participante – A gente consegue sozinho isso ou precisa de uma ajuda, de uma terapia?

Laureano – A gente consegue olhar... Você pode, simplesmente, fechar os seus olhos, ficar em silêncio, colocar seu pai, sua mãe, seu avô. Você pode colocar diante de você todo o seu sistema familiar e dar um lugar no seu coração para todos, inclusive aqueles que você desconhece que foram excluídos, porque não tem tempo e não tem espaço. Esse é o movimento da alma, que você pode fazer. Você não precisa de nenhuma ajuda terapêutica, de nenhum processo. Basta você, de fato, se conectar, porque todos eles estão em nós. Eu carrego em mim todos os excluídos. Eu carrego em mim todos os membros da minha família. Todos fazem parte. Todos têm um lugar dentro de mim.

Participante – O querer... Só de falar já abriu espaço...

Laureano – Abriu espaço para que isso possa acontecer. Às vezes, a gente faz vários movimentos em direção aos nossos pais, quando a gente tem críticas, quando a gente tem queixas, porque as nossas críticas, as nossas queixas, as nossas exigências ficam muito presentes. Por que é que eu tenho uma exigência de que o meu pai ou a minha mãe sejam diferentes? Uma exigência...

A vida chegou a mim como chegou. A vida chegou a mim dessa forma. Eu sou grato pela forma como ela chegou. E eu vou fazer algo bom com isso. Então, eu posso abrir o meu coração e dizer sim. O exercício de dizer sim. Sim ao meu destino, do jeito que ele é. Sim ao destino dos meus pais, do jeito que custou para os meus pais. Sim ao destino dos meus avós. Sim ao destino difícil, mais pesado, que alguém carregou para que eu pudesse estar aqui. Porque o indivíduo que eu sou está aqui porque dezenas e dezenas de pessoas disseram sim à vida... O meu ancestral João Guerreiro Bogado saiu de Portugal e veio para o Brasil no século XIX. Foi um dos primeiros a chegar. Eu não sei quem é esse homem, mas ele está aqui, ele me trouxe para cá. Então, eu digo sim a uma vasta ancestralidade. Até que meu coração seja amplo suficiente para eu ir além da minha família e conseguir enxergar que nós somos uma grande comunidade humana.

Os professores

Os professores... Os alunos aprendem quando o professor vai para a escola com alegria. Marianne Franke traz essa imagem muito bonita da alegria do professor. Quando eu me coloco no lugar de professor... "Aqui, sou o professor, apenas professor". "Aqui eu sou o coordenador, apenas o coordenador". O campo escolar é muito maior. O campo familiar é muito maior. A escola, a família, os sistemas são muito maiores do que eu sou. Mas quando eu estou no meu lugar, então eu tenho força para agir naquilo que eu posso mudar. O que eu posso mudar? Qual é o meu círculo de poder, de influência, de controle? É estar no meu lugar de professor. Então, não me cabe julgar o destino das famílias, as dificuldades dos alunos moralmente. Toda vez que o professor faz o discurso moral, ele perde a turma, ele perde a sala, porque o discurso moral significa que o meu valor está certo e que o seu está errado. Então, o discurso moral desconecta, o discurso moral opõe. O discurso moral é o discurso que separa, que divide. O que não separa, o que não divide? "Eu sou apenas o professor. Eu respeito os valores que você traz da sua casa, mas aqui na escola nós temos algumas regras. Aqui na escola nós temos outros acordos, que não são melhores nem piores. Simplesmente são diferentes. Eu sou apenas o coordenador. Eu sou apenas o diretor".

Isso tem muito poder. Por quê? Porque eu saio da importância pessoal. Quando eu sou apenas o professor, eu não tenho que agradar os alunos, eu não tenho que ser amado pelos alunos. Eu vou ser amado porque eu estou no meu lugar. Eu vou ser respeitado porque eu estou no meu lugar. Agora, se eu não fico no meu lugar, então eu tenho que fazer muito esforço. E quando eu quero ser amado pelos alunos... Será que eu estou comprando esse amor? Porque, como professor, eu posso comprar o amor que eu não recebi, que eu não tomei do meu pai e da minha mãe. Porque quando eu "tomo" – e aí "tomar" é a tradução que os livros do Bert Hellinger tiveram no Brasil, "tomar" significa "receber ativamente", vem no termo alemão "nehmem", receber ativamente – o amor, quando eu recebo o amor do meu pai e da minha mãe, eu não preciso mais fazer esforço para ser amado por ninguém. Eu sei que eu sou amado.

Por muitas vezes, nós, professores, ficamos comprando reconhecimento dos nossos alunos, saindo do nosso lugar. Por muito tempo... comprando no mercado negro (como dizia meu professor Décio Fábio, no treinamento em constelações familiares), esse reconhecimento, querendo ser amigo do aluno, bacana com o aluno. "Mas eu tenho que buscar conexão com o aluno", alguns diriam... Claro, o professor deve estar conectado. Lógico, você se conecta, conecta-se à alma dos alunos, mas você se conecta do seu lugar. E aí, quando um professor está tomado pelo amor do pai e da mãe, ele se torna irresistível. Não há amor que resista a um professor bem acompanhado. Porque isso tem força. Alguém que não é grato pelo pai e pela mãe não está plenamente capaz de assumir tudo o que uma relação exige, tudo o que uma relação demanda.

Quando os professores honram, respeitam e não julgam as famílias, melhora muito para as crianças. E, de novo, respeitar, honrar as famílias dos alunos, é um movimento que eu faço também com o meu sistema.

Um professor deve começar a sua aula somente quando a sala estiver quieta, sem celular, sem ninguém em pé, quando todos estiverem disponíveis. Eu aprendi essa experiência com a Marianne Franke. Quando a gente está com um celular, a gente está trazendo um elemento de fora para dentro da sala de aula. Nós não estamos presentes. Então, estar no lugar de professor significa transformar a turma em um grupo. E um grupo é o quê? Alguém que trabalha junto. De verdade, o maior desafio que nós, professores, temos, é estarmos no lugar de consultores. Essa dimensão está aqui. Eu estou do lado de vocês, apenas como professor. Juntos, nós olhamos para objetivos comuns. Quando os professores ocupam o lugar dos pais é quando eles estão de frente na sala de aula, o tempo todo. Toda vez que eu estou de frente para um aluno, a tendência é que ele se relacione comigo como ele se relaciona com o pai. E aí faz pedidos, exigências, joga charme, tenta seduzir. É muito importante que o professor sempre traga o aluno para o seu lado esquerdo. Deixa ele do seu lado. É incrível, mas esse posicionamento muda qualitativamente a demanda do aluno.

Nos grupos de educação, de pedagogia sistêmica, em que a gente faz exercícios, fica muito nítido quando, como representantes de professores e de alunos, nós ocupamos posições diferentes. As posições interferem. Então, estar disponível significa estar presente como professor. E como é que a gente pode ter disciplina? Quando nós entramos na sala com todos os professores da sala juntos. Uma coisa muito importante que a escola precisa fazer: toda sala de aula deve ter a foto de todos os professores daquele ano, para os alunos olharem. "Aqui estão os meus professores".

Eu nunca entro sozinho numa sala de aula. Eu entro, mas estão comigo todos os colegas que assumem essa turma, todos os colegas que dividem comigo essa turma, todos os colegas que ensinam matemática, português, história, geografia... até ensinam, porque, de verdade, a maior função nossa é estarmos ao lado dos alunos. Ensinar o conteúdo acontece. Como professores, nós somos muito mais interlocutores, mediadores, consultores.

As crianças aprendem a ler e escrever independentemente da gente. No mundo, hoje, aprende-se, independentemente da escola. A escola é o espaço de crescimento humano, de socialização. A escola é o espaço de socialização e o professor é um elemento central desse processo de socialização. Quanto mais no lugar está, mais ele consegue ser um facilitador disso. E, sobretudo, saímos da onipotência. É muito importante que nós, professores, tenhamos capacidade de reverenciar aquilo que a gente não consegue solucionar. Há coisas que são maiores do que nós, que nós não estamos maduros para resolver, que a gente não dá conta de resolver.

Na postura de consultor, às vezes, a gente até ensina. Agora, a sensibilidade e a firmeza ganhamos quando a gente carrega os pais. Aí, sim, nós estamos no lugar de força. Aí, sim, assumimos isso que a gente chama de vitória particular. Antes de estarmos no nosso lugar, nós não damos esse salto para o relacionamento.

Participante – Você comentou a questão desse fio imaginário que existe na relação dentro da sala de aula. Eu tive a experiência com o Vinicius no ano passado. Ele é muito ligado com o Sávio (professor de Matemática, falecido em maio de 2017). No final da aula, eu disse:

— A situação de Matemática está difícil. Você vai para exame.

— Mas, mãe, o pai está acordando 5h para estudar, está fazendo de tudo.

— Tudo bem, mas eu não posso passar sem fazer a provinha com você. Exame, na escola, não é brincadeira.

Aquela coisa de mãe... tem que estudar. Eu fui trabalhar e voltei.

— Mãe, resolvi o meu problema.

— Resolveu? Estudou? Aprendeu?

— Não, achei no Youtube. O Youtube é do Savião. Até colete ele usava.

Foi pra prova. A melhor nota dele, da média, foi daquele ano. "Sabe, até colete ele usava". "Que bom". A conexão... Quando você falou, lembrei até a frase que o Vinicius me disse quando cheguei em casa: "Mamãe, resolvi o meu problema. Achei no Youtube". Ele pegou a força do professor e foi para a prova. Foi a melhor média do ano. Nove de média de Matemática. Eu não acreditei.

Laureano – A Marianne Franke ensina, de maneira extraordinária, como cada um de nós pode usar muitos recursos. Os pais são sempre um recurso essencial. Mas nós podemos usar uns recursos muito ricos. Em experiência de constelação escolar, com Marianne Franke, eu pude experimentar, por exemplo, como é que é usar um recurso para dirigir uma escola. Então, um recurso para mim muito claro na condução da escola se chama Elydio, uma pessoa com quem eu aprendi muito. Foi o meu orientador na primeira pós-graduação que eu fiz. E ele era um coordenador extraordinário. Então, quando eu preciso de função de coordenação, eu ponho o Elydio junto de mim. É uma imagem e uma presença. Ou eu ponho um grande professor que eu tive. Ou então, se eu vou fazer uma palestra, eu ponho meu pai. Meu pai era um palestrante extraordinário. Falava horas, sem roteiro, sem nada. Simplesmente, falava. Eu carrego meu pai comigo. Se eu tenho que falar, eu ponho meu pai junto comigo.

VITÓRIA PÚBLICA O NOSSO LUGAR, O NOSSO SERVIR

Continuum da maturidade

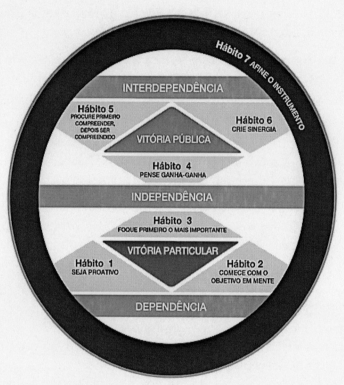

FIGURA 8 – OS SETE HÁBITOS DAS PESSOAS ALTAMENTE EFICAZES
FONTE: COVEY, 2001

Nós vimos que o programa de liderança é um programa sistêmico. Que a proposta ou o propósito do programa de liderança é mostrar para cada um que nós construímos uma vitória particular. Quando eu assumo a minha responsabilidade pelas minhas escolhas, quando eu sei onde eu posso colocar minha energia, eu deixo de enxergar o mundo como algo separado de mim, e eu percebo que eu posso fazer escolhas dentro de um determinado campo de relacionamentos. Esse é um primeiro passo.

O segundo passo é entender que se eu posso escolher os campos de relações, ou se eu posso escolher como estar em campos de relações, necessariamente, obrigatoriamente, então, eu também posso viver de propósito e escolher o caminho que eu vou fazer. Na medida em que eu decido e eu sei que eu posso fazer escolhas, o centro de prioridade, e como é que eu vou usar a preciosidade da vida também, é algo que se coloca.

Se nós, simplesmente, observarmos o nosso corpo... Se nós, simplesmente, observarmos a nossa respiração... Se nós, simplesmente, observarmos o que está ao nosso redor, nós vamos sentir que há algo muito maior e muito mais misterioso que nos envolve. A nossa consciência capta fragmentos disso.

Então, construir uma vitória particular significa sair de uma situação em que nós somos muito dependentes para uma situação em que cada um de nós percebe que tem possibilidades, que tem escolhas.

Nós vimos que essas escolhas não dependem apenas de cada um de nós, como indivíduos, porque, enquanto indivíduos, nenhum de nós existe, realmente. A nossa existência está conectada, sempre, a um campo de relações.

O primeiro campo é o campo familiar. Outro, importantíssimo, é a escola. A escola é o espaço de socialização. A principal função da escola, mais ainda do que o ensino e a aprendizagem, é que as crianças saem do seu sistema familiar e vão para o mundo, e vão aprender no mundo a construir relações. Vão aprender nos atritos. Vão aprender nos conflitos. Vão aprender nas próprias questões que vão emergir nesse campo escolar. Então, a escola é sempre um campo de socialização, um campo para onde nós vamos em primeiro lugar para o mundo. Quando falamos dessa possibilidade, nós estamos construindo aí algo essencial para a condição humana, porque eu não sou simplesmente um indivíduo, mas estou ligado a vários campos.

A minha eficácia na vida, os meus resultados, lembrando os fundamentos do programa de liderança, os meus resultados dependem da forma como eu vejo o outro; portanto, da forma como eu construo os relacionamentos. Porque não basta eu estar no meu lugar, conectado ao meu campo de origem familiar, ou ao grupo ao qual eu pertenço. O mais importante, também, é que eu consiga ver que eu sempre me relaciono, porque somos seres de relacionamento. Então, na relação com o outro, eu vou construir algo, eu vou construir outra vitória. Aquilo que a gente chama, no programa O Líder em Mim, de vitória pública.

Vitória pública é, essencialmente: quando eu inicio uma relação com qualquer pessoa, eu abro uma conta emocional. Aquilo que a gente chama de conta bancária emocional é uma conta de relacionamentos. É uma conta bancária porque o tempo todo eu deposito e eu também posso retirar. Retirar o quê? Aquilo que está na relação. Geralmente, na conta bancária emocional nós temos, nos círculos mais íntimos, um desafio muito grande, que é construir nos relacionamentos aquilo que nós chamamos de confiança. Eu preciso ser confiável, eu preciso construir confiança.

Então, a vitória pública exige de nós a capacidade de criar relações de confiança. Exige de nós a construção de nossa confiabilidade. Por isso, aqui, na vitória pública, está em questão: o que eu ofereço para o mundo? Se eu acho o meu lugar, o que eu ofereço para as pessoas com quem eu abro uma conta? O que eu ofereço para as pessoas no meu círculo profissional? O que eu ofereço para as pessoas em uma escola quando as pessoas são os meus alunos? Que visão eu trago?

Por isso, agora vamos trabalhar principalmente o meu servir e o nosso servir. Nós vimos que o propósito da escola é estar a serviço das famílias e que o propósito do professor é estar a serviço dos pais. O professor, se não ocupa o lugar dos pais, mas fica no seu lugar de professor, está a serviço dos pais. Porque, afinal de contas, os pais trazem as crianças até nós. Vocês conseguem observar internamente essa imagem dos pais trazendo as crianças e entregando para nós? Porque é exatamente isso que acontece. Ainda que isso não aconteça de uma forma tão clara no dia a dia, a imagem interna é que, quando o pai leva a criança para a escola, ele a está entregando para você, professor. Ele está entregando essa criança para nós, instituição.

Nessa conta, nessa relação, qual é o meu servir? Qual é o nosso servir? Ao olhar, no continuum da maturidade, que é um dos fundamentos da liderança, nós observamos que, a partir do momento que saímos da independência, abrimos um espaço para pensarmos no outro. Abrimos um espaço para escutarmos o outro. E, principalmente, ao abrimos um espaço para aprender com as diferenças e nos enriquecer com as diferenças, criarmos aquilo que chamamos de sinergia, que é quando nós juntamos a nossa energia. E produzimos algo que é nem o meu nem o seu, mas é o nosso. Sistemicamente, nós produzimos algo a mais.

Por fim, quando a gente conquista essa vitória pública, nós percebemos, de verdade, que não existe possibilidade de nenhum ser humano viver sem estar se movendo dentro de um campo de relações. E aí, o mais importante aqui para nós, educadores, professores, para nós, escola, é resgatarmos o que acontece nesse campo.

Nesse campo está presente o sistema familiar, está presente o sistema de cada professor, está presente o sistema de cada colaborador, todos eles convivendo. Portanto é um campo muito rico de relações. E, nesse campo rico de relações, nós vamos observar, muitas vezes, a necessidade de relações de equilíbrio e compensação. Nós vamos trabalhar as relações de troca, como nós damos e recebemos. Nós vamos trabalhar, principalmente, a partir do hábito 4, como construímos relações ganha-ganha.

Essas três relações estarão presentes naquilo que a gente chama de vitória pública. E aí é muito bonito lembrar o que inspirou Bert Hellinger, nas constelações familiares, quando ele, por praticamente mais de duas décadas, trabalhou na África do Sul como missionário católico.

Lá na África do Sul, ele participou de grupos, de dinâmicas de grupo, com pessoas de várias tradições religiosas. Católico, Bert participava de dinâmicas de grupo com anglicanos, com pessoas de outras tradições, com pessoas que não eram cristãs. E aí ele percebeu que existe um campo moral em que cada um de nós está. Esse campo moral é um campo em que nós nos movemos a partir de determinados valores. Geralmente, quando nos relacionamos, o nosso campo moral, muitas vezes, não é o mesmo campo moral do outro. Como eu me movo num relacionamento quando os meus valores e os meus princípios conflitam com os valores e os princípios do outro? Porque se nós fazemos parte de um mesmo sistema, como é que eu convivo com uma moral diferente?

UMA CRIANÇA DE CADA VEZ: EDUCAÇÃO EMOCIONAL E LIDERANÇA

O campo moral é sempre o campo de um grupo. É um campo religioso. É um campo escolar. É um campo ideológico em que predominam ideias comuns. Se nós olharmos para as nossas ideias, para a nossa escola, e pensarmos assim: "nós somos melhores do que aquela outra escola" ou "as nossas ideias são melhores que as ideias dos outros grupos" ou "o nosso país é melhor do que o outro país"... nós nos movemos, então, de forma recorrente na história humana. Nós nos colocamos acima dos outros. Nós nos colocamos melhores do que os outros. Nós nos colocamos como "certos". Essa é uma base para os conflitos...

E toda vez que nós entramos em conflito por ideias, por valores, e não conseguimos enxergar que a diferença pode e deve existir, nós estamos nos colocando acima, portanto, "certos" em relação àqueles com os quais divergimos. Nesse movimento, necessariamente, nós excluímos alguém. Nós prejudicamos alguém.

Basicamente, no campo moral, eu sou melhor. E isso pode acontecer sempre dentro dos grupos, se nós olharmos para a nossa escola e pensarmos: "A nossa escola é muito melhor que a escola Y". Por que somos melhores? As nossas escolhas são melhores? Os nossos relacionamentos são melhores? Ou a nossa escola é diferente da escola Y. Nós fazemos escolhas diferentes. Nós temos um conteúdo, um programa diferente. Nós acreditamos em ações diferentes. Mas nós não somos melhores. Porque, em certo sentido, outras escolas, outras pessoas, outras famílias, outras ideias, também fazem parte e são importantes no tecido social.

Na vitória pública, o grande desafio é conseguirmos incluir todos os que fazem parte. Quando nós entramos em uma sala de aula, por exemplo, existe uma família melhor do que a outra? Existe um aluno melhor do que o outro? Para onde olhamos quando nós estamos na sala de aula e pegamos os resultados das provas, das avaliações? Nós olhamos para os bons alunos, que tiram notas altas? Nós olhamos para os alunos com dificuldades? Nós não olhamos para os alunos que ficam nas médias, no campo médio. Para onde estamos olhando quando vemos os nossos alunos?

Quando eu enxergo, em cada aluno, o seu sistema familiar, sem um julgamento moral, eu me torno muito mais capaz de me conectar com esse aluno, e de fazê-lo aprender comigo, porque eu respeito os valores de onde ele vem. Os seus pais podem ser muito diferentes.

Recentemente, eu tive uma experiência com a minha filha, que em um restaurante observava uma mulher muçulmana. E ela me perguntou:

— Por que ela se veste assim?

Então, a resposta foi:

— Ela tem uma religião diferente.

E ela nos perguntou, com apenas seis anos:

— O que é religião?

— Religião é um modo de você viver, de explicar a vida. Ela só é diferente do papai, da mamãe.

Conviver com a diferença não é um desafio pequeno, porque, quando nós convivemos com a diferença, nós precisamos optar pelas pessoas e não pelas ideias. Foi o aprendizado mais importante de Bert Hellinger nas dinâmicas de grupo. Porque a pergunta que eles faziam era:

— Você fica com as pessoas ou você fica com as ideias?

No Brasil, onde vivemos uma polaridade, uma polarização política muito grande, nós ficamos com as pessoas ou ficamos com as ideologias? Nós ficamos com as pessoas ou nós ficamos com os partidos? Nós ficamos com as pessoas ou com as propostas? Quando nos relacionamos, a nossa opção é olhar para o ser humano ou estarmos certos? O desafio da vitória pública é abrir mão de estar certo, mesmo que você afirme uma posição, mesmo que você afirme ideias. É não impor. Nesse sentido, nós nos movemos sempre numa outra visão, num outro campo de visão.

Paradigma da abundância

A vitória pública é exigente em relação à nossa visão sobre como a vida oferece os recursos para nós. No programa de liderança, o hábito 4, pensar ganha-ganha, propõe que entendamos o paradigma da abundância. A

UMA CRIANÇA DE CADA VEZ: EDUCAÇÃO EMOCIONAL E LIDERANÇA

maior parte da humanidade vive o paradigma da escassez. O paradigma da escassez diz assim: "O que existe não dá para todo mundo". Se o que existe não dá para todo mundo, o meu primeiro desafio é pegar uma parte para mim e guardar. Se o que existe não dá para todo mundo, o meu desafio é aumentar cada vez mais, acumulando os recursos para mim e para o meu grupo. No paradigma da escassez não há possibilidade de enxergarmos a vida como algo abundante e disponível para todos.

Na nossa vida pessoal, como cada um de nós olha para os recursos, olha para aquilo que é abundante? Quando Bert Hellinger observou, na dinâmica das constelações familiares, o que acontecia dentro de um sistema familiar, ele detectou algo muito impressionante. Ele detectou que "toda a alegria, toda a felicidade, além de ser uma dádiva, sempre vem de uma relação" (HELLINGER, 2015, p. 74). Porque há sempre uma relação por trás da nossa felicidade. Há sempre uma relação por trás da nossa alegria.

E qual é a primeira relação que o ser humano estabelece? A primeira relação que o ser humano estabelece é com a sua mãe. Por isso, a mãe é o começo de tudo. Quando nós nos alegramos com a nossa mãe, nós nos alegramos com a nossa vida, se formos capazes de dizer assim para a nossa mãe, internamente: "Sim, eu me alegro porque você é minha mãe... Esta, para mim, é a coisa mais bela que existe, que você seja a minha mãe" (HELLINGER, 2015, p. 74).

Dizer sim à nossa mãe, o nosso primeiro relacionamento, a fonte da vida e da abundância, é o primeiro passo para nos movermos na gratuidade. A mãe é o símbolo da fruição, porque do seio materno vem o leite que é específico para cada bebê, na sua quantidade de nutrientes e de gordura. O leite materno é um leite para uma criança única. Ainda que você possa tirar o leite, levar para um banco de leite e dar para outra criança, aquele leite é para aquela criança. Porque aquele corpo, daquela mãe, produziu aquele leite, exclusivamente, para aquela criança. E há algo de abundante na relação com a mãe que é o seguinte: quanto mais uma mãe amamenta, mais leite tem.

Portanto dizermos que estamos de acordo e recebermos o amor da nossa mãe é o primeiro movimento para entendermos que a vida é, naturalmente, abundante. Em um planeta como a Terra, a natureza é abundante.

Quanto de alimento se produz? Quanto de água se produz? Quanto de oxigênio se produz? Quanto de recursos a natureza entrega todos os dias para nós. Essa é uma imagem de abundância muito poderosa.

Na visão dos nossos sistemas familiares, quando eu tomo totalmente em mim a minha mãe e o meu pai, sem nenhuma restrição – "Você é minha mãe, eu tomo você assim; você é meu pai, eu tomo você assim, com tudo aquilo que envolve, com tudo aquilo que eu não considero bom" –, eu consigo pegar o fluxo da vida, tudo aquilo que é importante, e todas as experiências negativas ficam de fora (HELLINGER, 2015, p. 75). Por quê? Porque, curiosamente, quando eu digo sim para o pai e para a mãe, do jeito que eles são, com a experiência que eles trouxeram, com as dificuldades que eles vivem, com os desafios que eles trazem, eu estou dizendo sim à forma que a vida encontrou para me trazer aqui e me oferecer recursos. Se eu tenho essa alegria, se eu tenho essa postura, eu, então, vou aprendendo que existem recursos para todos. Esse é o primeiro passo para a gente entender a abundância da vida. Olhando para a gratuidade da nossa mãe, nós jamais pagaríamos essa conta da gratuidade que fluiu da nossa mãe, que fluiu do nosso pai. Quanto de respeito, quanto de gratidão e quanto de honra que existe no movimento que nós fazemos em direção a eles.

Equilíbrio e compensação

Esse é um primeiro passo para entendermos a relação de construção de uma vitória pública. Por quê? Eu só vou conseguir equilibrar as minhas relações, todas elas, e também profissionais... Eu só vou conseguir equilibrar as minhas relações pessoais, se eu tiver coragem suficiente para enxergar o meu lugar, as minhas necessidades e, ao mesmo tempo, consideração suficiente pelo outro, para entender que qualquer relação só pode existir se tiver troca e equilíbrio, que é um princípio fundamental da vida.

Quando nós recebemos um presente, nós sentimos imediatamente uma tensão interna. Você pensa assim: "Nossa, que legal". Você recebeu um vaso de flor. Ou você recebeu um pen-drive com músicas. Ou, você recebeu uma dica preciosa para o seu trabalho. Imediatamente, você sente o quê? Uma necessidade interna de compensar. E algo dentro de você começa a se mover para dizer assim: "Eu preciso retribuir isso". Alguém já sentiu esse tipo de pressão interna? Quando alguém o convida para uma festa de aniversário, imediatamente, você se sente compelido a retribuir o convite. Quando alguém o convida para um evento bacana, você se sente compelido a retribuir o convite. Existe uma necessidade de compensação. Isso faz parte dos relacionamentos humanos.

Nos relacionamentos, o desafio é levar em consideração o outro, sem esquecermos que nós estamos dando o que nós também podemos receber. Esse é o desafio sistêmico dentro de uma relação humana. No caso do equilíbrio, existe uma dimensão muito interessante. O equilíbrio se dá principalmente entre os adultos. O equilíbrio não ocorre entre os pais e os filhos. Naturalmente, entre os pais e os filhos não existe equilíbrio. Os pais dão muito mais. Os filhos têm que receber. Os filhos têm que tomar. O equilíbrio existe entre os adultos, entre os iguais.

Nas relações dentro da escola, o equilíbrio existe principalmente quando nós observamos nos alunos o que acontece quando uma relação se desequilibra por um prejuízo que um aluno causa no outro, seja um prejuízo físico ou um prejuízo emocional, relacional. É quando entra, então, esse movimento compensatório. Equilíbrio e compensação estão muito presentes.

Há algo que nós fazemos na escola que não equilibra. Quando dois alunos entram em conflito, geralmente, nós pedimos que esses alunos se desculpem. O ato de desculpar é um ato que não é suficiente para equilibrar. Basta você sentir no seu corpo quando alguém faz algo que você sente que foi uma retirada. A pessoa o prejudicou, não considerou suficientemente os seus valores, o seu lugar. Você se sente mal. E aí a pessoa fala:

— Olha, eu o prejudiquei. Eu fiz uma retirada. Por favor, me desculpe.

Quase que dizendo:

— Por favor, tire a culpa que eu estou sentido de ter prejudicado você.

Imediatamente, você pensa:

— Bom, que bacana. Ela me prejudicou, ela fez uma retirada, e ela está pedindo para eu tirar a culpa dela para ela ficar bem.

Uma situação de desequilíbrio exige uma compensação. Por isso, quando consideramos o outro, a melhor coisa é você se mover no seguinte nível:

— Eu sinto muito que a minha atitude, aquilo que eu fiz, tenha causado um prejuízo para você.

Internamente, você busca uma forma de reparar esse erro.

Aqui na escola nós temos inúmeros exemplos de compensação. Neste momento, uma aluna foi machucada. Ela estava com a mão na porta e os colegas foram lá, bateram a porta e quebraram o dedo dela. E aí, como é que você repara um machucado desse? Então, os colegas que quebraram o dedo da coleguinha encontraram uma forma de compensar. Por exemplo: um deles vai anotar todas as tarefas, vai copiar o que ela precisa fazer. Cada um foi encontrando um jeito de compensar. Porque aí essa menina disse:

— Ok! Eu fui prejudicada, mas estou me sentindo reparada.

Melhor do que colocar as crianças para dizer:

— Desculpa, nós quebramos o seu dedo.

Há várias experiências assim que podem ser partilhadas, que mostram que o que traz solução de fato para os nossos conflitos não é o pedido de desculpas, mas é, sobretudo, eu entender que eu posso fazer algo que compense o prejuízo que eu causei. Uma forma de equilibrar, que eleva nossa relação para um patamar melhor, porque eu posso equilibrar fazendo mais retirada.

— Você me prejudicou, eu o prejudico também.

E, dessa forma, começamos a causar prejuízo cada vez maior um para o outro. Caminhamos para aquilo que no programa de liderança é chamado de perde-perde. Eu vou prejudicando você. Você vai me prejudicando. Todos nós perdemos. Ou então, você se desculpa comigo, fica se sentindo bem e eu fico me sentindo um perdedor. É uma relação em que um ganha e outro perde. Ou então, eu perco e você ganha. Na verdade, o ganha-ganha significa que, mesmo que eu prejudique alguém, eu posso reparar esse prejuízo me colocando em uma posição de humildade, dizendo:

— Eu sinto muito. Eu reconheço que não levei você em consideração.

Isso exige coragem de reconhecer suas necessidades, mas você ganha consideração quando consegue realizar esse tipo de encontro e de solução para o conflito. Essa é uma forma importante de retomarmos esse princípio do equilíbrio que é fundamental para a vitória pública.

Participante – Aconteceu ontem, na saída. Eu tinha acabado de ir embora. Hoje, eu chego na escola e os alunos me contaram. A aluna com o dedo quebrado. Ela ia ficar 21 dias com o dedo quebrado, por conta de uma situação que aconteceu na sala, na hora da saída. Eles sabem que não podem. Já foi avisado. Eles já sabem que não podem ir para a sala. Mas eles estavam dentro da sala. Aí, um aluno empurrou o outro e fecharam a porta no dedo dessa aluna. E aí, bom, pensei: "Como é que a gente vai resolver isso?". A Maristela, a coordenadora, e o diretor, foram até a sala e fizeram uma conversa com os alunos sobre o que aconteceu, o perigo de tudo isso, o que poderia ter acontecido dentro da sala, a questão das mãos. Houve algumas orientações.

E antes da coordenadora, da Maristela sair, ela pediu para os alunos pensarem em situações para repararem isso que tinham feito com a amiga, e de utilizar isso para informar, usar isso que aconteceu, informar os outros colegas da escola para que isso não viesse mais a acontecer. A sala ficou toda eufórica. A primeira ação foi uma conversa entre os alunos que estavam envolvidos, na qual eles falaram:

— Sinto muito. Agora eu vou copiar a sua agenda.

E outro amigo:

— Eu vou copiar, na sua apostila, os exercícios para você estudar.

Aí, num segundo momento, a gente dividiu a sala em grupos. Fizemos cartazes. Cada um responsável por uma situação de informar, explicar o que aconteceu. Depois, um grupo se prontificou a ir junto com essa colega, com os outros colegas, e passar pelas salas avisando e contando tudo o que tinha acontecido.

Participante – À tarde, o pai de um dos meninos que estava dentro da sala me liga. Pensei:

— Pronto! Que venha! Vamos lá, vamos ouvir.

O pai falou assim para mim:

— Você está sabendo o que aconteceu na sala do Artur?

— Estou, estou sabendo o que aconteceu.

— Você não me ligou.

Eu disse:

— Não liguei mesmo, porque nós fomos à sala, resolvemos a questão.

— Porque ontem ele me ligou muito aflito. Eu estava na rua (a questão do equilíbrio) e ele me ligou dizendo que falaram para ele que tinha sido ele que tinha fechado a porta. E não foi ele. E você não ligou para dizer o que aconteceu.

Aí eu falei:

— Então, hoje, nós passamos na sala. Não tem "foi ele, A ou B". São crianças, estavam dentro da sala e, numa brincadeira, empurrando a porta, fecharam a porta. Mas você já conversou com ele hoje?

— Já conversei com ele hoje, agora. Estou chegando em casa e estou conversando com ele.

Aí eu falei, contei tudo que ela tinha falado, do equilíbrio, de compensação. E ele agradeceu:

— Eu gostei de como isso se desenrolou, porque de alguma forma ele tem que entender que ele tem mesmo (não usou a palavra compensar, usou a palavra reparar) que reparar, se ele estava em um lugar onde ele não deveria estar.

Então, eu achei que o pai se sentiu muito confortável com o equilíbrio no que aconteceu. Não houve um culpado (o menino chegou em casa se sentindo culpado). Ele se sentiu tranquilo em copiar a agenda. E a menina, quando você pergunta para ela:

— Como é que você está se sentindo, Mariana? Você está melhor com o que eles estão lhe oferecendo? Podem lhe ajudar?

Ela responde:

— Estou melhor, tia. Está tudo bem.

Então, é essa ideia de tirar a culpa, mesmo. "Eu não tiro a culpa. Eu sinto muito pelo mal que eu lhe causei e, de alguma forma, vou reparar isso que eu lhe fiz". É uma coisa muito concreta para as crianças. E eles se sentem mesmo mais leves quando... Porque a criança está com o dedo quebrado, com cerca de 20 a 25 dias sem poder escrever. E o que eu achei mais interessante é que o pai não se sentiu como se a gente estivesse acusando o filho.

Laureano – Essa é uma situação bonita de solução de um conflito e de um prejuízo.

Participante – E eu achei legal também que ela foi nas salas, para falar para todos. E ela falou que não está se sentindo vítima mais. Isso eu achei importante. Porque ela foi contar se colocando como ela também estava no lugar errado. Ela conseguiu perceber que ela também estava no lugar errado. Não era a vítima ali. Aconteceu. Podia ter acontecido. Ela estava sujeita a acontecer isso. Ela mostrou isso para os meninos.

Participante – Importantíssimo. A mãe da menina não está furiosa. Tudo bem.

Laureano – No campo das relações, é muito importante quando percebemos que as relações não comportam necessariamente um certo e um errado. Tem um contexto. Talvez esse seja o ensinamento, essa seja a lição mais importante para aprendermos. No campo das relações, se eu não me coloco como vítima e me coloco dentro de um contexto, eu vejo também o que, disso que aconteceu, cabe a mim. Agora, se existe só o contexto do outro como agressor, e eu como perdedor, fica difícil equilibrar tudo isso. Mas quando há justiça no equilíbrio, o outro até é capaz de levar em consideração que ele tem ali algo nessa relação.

Marianne Franke, em seu livro Você é um de nós, dá vários exemplos de conflitos entre adolescentes de fundamental II, que é uma fase bastante conflituosa, em que as soluções são sempre soluções em que, criativamente, as crianças encontram formas de compensação que geram soluções nos conflitos.

Participante – Quando a gente começou o programa, as crianças ainda se batiam muito, se chutavam. O que tentávamos usar era a fala:

— Então, o que a gente pode fazer para compensar?

Aí, um dizia:

— Vou buscar o gelo. Vou colocar o gelo para ele se acalmar (coisas assim).

— Vou buscar o lenço de papel para ele assoar o nariz.

Tem umas coisas assim. Porque eles sabiam que era uma forma de compensação. Mas agora já não acontece mais. Só quando é algo como esse de hoje, que foi uma coisa mais complicadinha.

Laureano – Então, o "Eu sinto muito" é um recurso importante para restabelecermos uma relação em um nível diferente. Não é, levianamente, um pedido de desculpas, mas é algo que me conecta com a minha responsabilidade. Eu fiz algo. Eu assumo o que eu fiz e, portanto, nessa relação eu também entro como alguém que é parte desse resultado. Eu não me coloco como vítima.

Dentro da vitória pública, eu só consigo fazer isso se eu sair do meu papel de vítima lá no hábito 1, em que aprendo que sou responsável pelas minhas escolhas. E eu só consigo, de verdade, me colocar nessa situação, se eu tenho segurança interna de quem eu sou. E que eu, como ser humano, posso errar. Eu não estou acima de ninguém. Há uma pressão muito grande quando não conseguimos reconhecer que nós somos iguais. Ninguém é melhor. Toda vez que eu me coloco como melhor, eu tenho muita dificuldade de dizer "Eu sinto muito". Se eu sou melhor, como é que eu posso ter prejudicado, ter errado. "Eu sou tão bom!" Não é isso que geralmente acontece? "Eu sou tão bom, a minha família é tão boa. Os meus valores são tão superiores. As minhas escolhas são tão melhores". Então, eu não consigo me colocar no mesmo nível. E se eu não consigo me colocar no mesmo nível, como é que eu posso equilibrar? Fica muito difícil qualquer tipo de equilíbrio

A empatia

A empatia é outro elemento importante no caminho da vitória pública. A empatia é algo, em uma relação, em que existe um desejo profundo de compreensão do outro. Um desejo verdadeiro, genuíno, de compreensão do outro.

Quando eu sou capaz de ver o outro, eu sou capaz de dar um lugar para o outro dentro de mim. Aqui, há um movimento muito profundo de sermos capazes de vermos primeiro os nossos pais, e de darmos lugar primeiro aos nossos pais, para sermos capazes de ouvir o outro. Esse movimento interno, de concordância com a nossa existência, da forma como é, de concordância com a nossa história, pelo que custou aos nossos pais, à nossa família, tem um efeito muito poderoso em nossa postura. Olhamos para as nossas relações pessoais e profissionais com maior respeito quando respeitamos os nossos pais, as nossas raízes.

Frequentemente, não ouvimos o que as pessoas falam. Ouvimos o nosso diálogo interno sobre o que as pessoas falam. E nós excluímos aqueles que são diferentes. Qual é basicamente o movimento de exclusão? Se você faz algo com o qual eu não concordo, ou se você tem uma atitude muito diferente da minha, meu sentimento é de excluí-lo, como o errado ou o pior. Como é que eu posso incluir você?

O primeiro movimento é "Eu vejo você". Quando eu vejo você, eu vejo você com tudo o que você traz. Em uma sala de aula, como é que o professor vê, por exemplo, os colegas que o antecederam? Qual é o movimento que nasce de professores de um determinado segmento que não enxergam, que não veem os professores do segmento imediatamente anterior? Se professores do ensino médio se sentem melhores do que professores do fundamental II, como esses alunos são recebidos no ensino médio?

É muito comum, nas salas de aula, um professor de uma série subsequente com uma fala do tipo "Vocês não aprenderam isso? Mas isso a gente aprende no 6º ano. Você não aprendeu isso? Isso você aprende no fundamental I". Ou seja, nós não vemos que, dentro da escola, todos os professores fazem parte. Significa que, quando o aluno vai para uma formatura do 3º ano do ensino médio, essa formatura não é do 3º ano do ensino médio. Essa formatura é de toda a escolaridade. E todos os professores que passaram pela vida dessa criança fazem parte dessa etapa, desse final de jornada.

E o desafio maior para as escolas, que hoje se colocam no mercado com propostas pedagógicas diferentes, é você reconhecer que, dentro de uma cidade, nós recebemos alunos de várias séries vindos de outras escolas. Esses alunos também são o resultado da vitória de outras instituições, de outras organizações. E foram, num determinado momento, muito importantes na alfabetização, nos primeiros passos da educação infantil.

Portanto, observar quem você é, dar lugar para todos que fazem parte do sistema é um movimento extremamente importante e reconciliador. Significa que, apesar de tudo aquilo que nos separa, apesar de tudo aquilo que nos diferencia, eu sou capaz de enxergar você como parte importante em nosso campo de relações.

Esse é um outro nível de relacionamento. Esse é um nível de relação que nos leva para outro lugar, quando nós pensamos em um sistema como a escola. Por quê? Porque eu saio, simplesmente, da ideia de que "agora sim, o aluno está comigo, eu sou especial, eu vou fazer algo muito diferente".

Na nossa escola, no trabalho de empatia, há um instrumento indígena muito interessante que é o bastão da fala. O bastão da fala é uma materialização do direito que cada um tem de ser quem é, do direito que cada um tem de expressar suas convicções, suas opiniões, até o fim. E ser respeitado e honrado por isso. Dentro de um campo de empatia, esse é um instrumento precioso, porque nós observamos dentro de um grupo que todos têm direito de se manifestar. Todos têm direito de fazer parte. Todos têm direito de opinar. E quando uma criança, dentro de uma sala, começa a viver um processo de exclusão, a conclusão disso é que gera uma perturbação em todo o grupo. Isso afeta o aprendizado de todo o grupo. Porque uma sala de aula, como sistema, é uma sala onde um aluno afeta o todo, e também onde o todo pode afetar um aluno.

O movimento de inclusão de um aluno é um movimento muito poderoso. Quando nós percebemos que um aluno está se sentindo completamente fora do grupo... quando o aluno está fora porque está vivendo um drama, está indisponível, por exemplo, por uma semana de provas... quando um aluno não consegue ficar em sala e ele sai, o que é que isso causa? Quando um aluno faz algo que, efetivamente, prejudica o ambiente favorável para aprender...

Por que um aluno não consegue ficar em uma sala? Porque ele não está suportando ficar ali. Como nós podemos lidar com essa questão da inclusão? Porque, se não existem crianças difíceis e se não existem crianças com problemas, mas crianças que estão trazendo sintomas e que estão a serviço de algo na sua família ou no seu sistema, se nós não incluirmos os nossos alunos dentro da nossa escola, na sala de aula, o que vai acontecer? Na medida em que um aluno sai, outro aluno ocupa o seu lugar, trazendo o mesmo tipo de problema. Essa é uma repetição que ocorre quando nós não conseguimos enxergar esses alunos. Em um sistema, como a sala de aula, o respeito com o qual enfrentamos as dificuldades libera os alunos para a experiência da liberdade. Se isso não ocorre, há uma perturbação geral. Algum colega irá assumir o lugar do excluído, do que foi desrespeitado.

Qual é a postura mais comum dentro de uma escola em relação aos alunos chamados de "problema"? Qual é a postura? A primeira: "Esse aluno tem que ser enquadrado". Nós precisamos usar os instrumentos de punição. Nós vamos, a partir do instrumento de punição, condenar as famílias, porque elas não estão fazendo a parte delas. E, no limite, nós vamos encontrando meios para, simplesmente, tirar esse aluno do sistema, porque nós não conseguimos lidar com aquilo que esse aluno traz, as dificuldades, as diferenças. No exercício empático, enxergar esse aluno é dizer: "Eu vejo você do jeito que você é". Quando eu vejo você do jeito que você é, eu abro espaço para que você possa, inclusive, pedir ajuda. Para que seus pais possam, inclusive, pedir ajuda, e sentirem-se acolhidos aqui. E quando eu vejo você, eu abro espaço para que o grupo perceba que, se um é visto, todos são vistos. Se um não é visto e é excluído, então todos podem ser excluídos.

Dentro de uma relação, o que acontece quando uma pessoa fala mal de um colega que não está presente? Dentro de uma relação, o que acontece quando nós criticamos, condenamos, excluímos por discordarmos de um colega? Isso tem um efeito sistêmico em todo o grupo. Esse efeito sistêmico é o resultado do quê? Da perda de confiança do grupo, de que você vai ser respeitado na sua individualidade, de que você vai poder fazer parte daquele grupo com segurança, com aquilo que nós chamamos de integridade, com aquilo que nós chamamos de lealdade. Se não existir integridade, lealdade, nas relações, então nós não estamos vendo as pessoas como elas são. Então, nós estamos, simplesmente, vendo as pessoas a partir de suas dificuldades.

Então, a inclusão é exigente em relação à nossa capacidade empática, que é compreender o que o outro traz com ele quando manifesta um problema, o que o outro traz com ele quando manifesta uma dificuldade.

Como a escola olha para os alunos que têm dificuldade? Como a escola olha para os alunos que são "esquisitos", que não se enquadram na faixa de "normalidade", na média? Nesse movimento de inclusão, o que temos que fazer? Quando nós olhamos para um aluno que causa tumulto, indisciplina, todos ficamos desesperados para que alguém diga qual é o problema que esse aluno tem.

Há uma cultura do diagnóstico nas escolas. Todas as crianças têm déficit de atenção e, às vezes, com hiperatividade. Alguns têm transtorno opositor, desafiador-opositor. Nós temos inúmeros diagnósticos que servem para que a escola se sinta segura em identificar um problema e, muitas vezes, isolar esse problema. Mas a maioria das crianças que trazem transtornos de déficit de aprendizagem são crianças que estão vivendo processos de exclusão no seu sistema. São crianças que repetem determinados comportamentos porque estão vivendo processos de exclusão no seu sistema.

Eu atendi um aluno que repetiu no ensino médio, e esse aluno repetiu duas vezes. Então, tive uma conversa com esse aluno, a pedido da mãe... A mãe me procurou e me pediu para conversar com seu filho.

E, quando ele se sentou, a minha pergunta para ele foi:

— O que é que acontece que você já está repetindo pela segunda vez?

E ele fala:

— Não sei.

Então, eu fiz uma pergunta bem objetiva:

— Por que é que você não está cuidando do seu futuro? O que é que você faz quando você sai da escola?

— Ah, eu faço academia, eu durmo.

Então, eu fiz uma segunda pergunta objetiva:

— Você quer ter filhos, família? Você pensa no seu futuro?

Ele disse assim:

— Eu quero ser pai. Eu quero ter filhos. Não quero ser como meu pai.

— Ah, você não quer ser como seu pai é. E o que seu pai é? Seu pai trabalha?

— Trabalha.

— Seu pai construiu a vida dele, se separou da sua mãe?

— Sim, tem outra mulher, outros filhos.

— Ele vê você, de vez em quando?

— Vê.

— Ele lhe dá algum dinheiro?

— Dá.

— Engraçado, seu pai está cuidando bem da vida dele. Mas aqui me parece que algo está acontecendo. Você não está dando conta de cuidar da sua vida.

— Ah, mas o meu pai abandonou a minha mãe.

Então, a minha fala para ele foi:

— O que acontece entre o seu pai e a sua mãe fica entre o seu pai e a sua mãe. Você não tem nada a ver com isso. A sua questão é essa...

Levei ele para um sofá e pus duas almofadas e falei:

— Olha para os seus filhos e diga para eles: "Eu não tenho dinheiro para vocês estudarem. Eu não estudei. Eu larguei a escola. Eu não tenho dinheiro para vocês estudarem. Eu não posso comprar o que vocês precisam". Diga para eles.

Então, esse garoto entrou em contato com uma possibilidade concreta de fracassar. E a gente teve uma conversa muito boa sobre ele retomar a sua relação com o pai, pedindo, de alguma forma, para que a mãe abençoasse a relação dele com o pai. E depois, falando com essa mãe, eu disse a ela:

— Olha, é o pai dele. Leve ele até o pai dele. Ele está precisando do pai.

E nesse dia esse menino saiu, chegou em casa e fez todas as tarefas. E a mãe me procurou depois e falou assim:

— O que você disse para ele? Porque ele chegou em casa e fez todas as tarefas.

— Eu só disse que ele tinha que cuidar da vida dele, e que seria bom que ele fosse visitar o pai.

E houve algo muito bonito aí, porque nós fizemos um acordo. Ele ficaria na escola, estudaria e teria um prazo para se dedicar e mostrar que valeria a pena tê-lo aqui. Ele se comprometeu e mudou completamente sua postura.

A gente pode, simplesmente, excluir um aluno porque ele está com um problema de nota e de comportamento, ou podemos olhar para onde esse aluno está olhando, para uma exclusão, para uma falta, muito importante para um menino adolescente. Ele estava se intrometendo em assuntos que ele não tem tamanho para enfrentar, e nem força para enfrentar. Ele estava com pena da mãe. Então, ali, naquele encontro, a gente pôde olhar para a mãe sem pena, vendo a sua força, vendo que ela dá conta de lidar com a sua vida, o seu destino, e olhar para a força desse pai, que também dá conta de lidar com seu destino. Então, está tudo bem. Porque, nesse momento, fica cada um no seu lugar.

Mas para que eu possa ver esse aluno, eu preciso concordar que não é um aluno com dificuldade de aprendizagem. Não é um aluno hiperativo. Não é um aluno com déficit de atenção. É um aluno que está olhando para algum lugar e por isso ele não consegue ficar disponível para aprender Química, Matemática, Física... aquilo que está ali no dia a dia. Ele não consegue ficar quieto. Ele não consegue fazer a tarefa. E, do mesmo modo que um aluno do ensino médio enfrenta isso, uma criança enfrenta isso. Nós somos capazes de olhar empaticamente e ver que essa criança está trazendo um sintoma, está conectada a algo? Nós conseguimos enxergar isso se nós enxergarmos que, quando nos relacionamos com esse aluno, nós nos relacionamos com tudo o que ele traz para a escola, com tudo o que as crianças trazem com elas.

E nós não precisamos falar nada. O meu espaço na escola, a minha função, é o atendimento às famílias. Em minha sala, estou disponível para enxergar o que está ali e, se eu estiver em condição de ajudar, poder fazer algo. Mas como nós, professores, podemos incluir aqueles que estão excluídos, por questões acadêmicas, comportamentais ou, simplesmente, porque não foram aceitos pelo grupo? Em primeiro lugar, dizendo que todos têm direito de pertencer. E, se nós excluímos alguém, naturalmente, os problemas não irão acabar. Outros virão. Outros manifestarão isso. Porque há lugar para tudo. Quando nós permitimos que tudo faça parte, tudo esteja incluído, isso leva o nosso trabalho, a nossa relação, para outro lugar.

Participante – Como você aborda assim em uma sala? Você fala com todos? Você fala só com aquele aluno? Pensando essa parte mais prática do nosso dia a dia. Eu entendi toda essa parte de exclusão, do quanto isso não é saudável para ninguém, para nenhum relacionamento ali. Mas como a gente pode tratar isso? Você colocou agora: "Primeiro, todos nós temos direito de pertencer". Mas como se dá essa conversa? Como se dá essa situação?

Laureano – Há vários níveis de intervenção possíveis. Um primeiro nível está na própria escola, quando nós reconhecemos que todos fazemos parte. Então, quando você entra em uma sala de aula e reconhece que nessa sala de aula existe professor de fundamental I, educação infantil, já configura um movimento diferente, inclusivo. Existe o professor que é regente de sala, mas existe o professor de Espanhol, professor de Inglês, de Educação Física, o professor de Artes, o professor de Música. Na verdade, todas as turmas têm vários professores. Quando nós sentimos que todos fazem parte, nós criamos um campo de relações em que nós cuidamos de todos. Esse é um nível importante.

Se em nossas salas de aula estiverem todos os professores, todas as fotos dos professores, nós nunca estaremos sozinhos no nosso trabalho acadêmico. Sempre estarão todos os professores juntos conosco. Se nós trazemos conosco o nosso pai e a nossa mãe para dentro da sala, e olhamos para as crianças com as suas famílias, com os seus sistemas, nós criamos um estado diferente. Então, quando eu olho verdadeiramente para um aluno, olhando como se fosse um leque, eu vejo atrás dele seu pai, sua mãe, seus avós, os valores da família, eu digo para ele:

— Aqui você faz parte. Eu vejo você.

Se você não disser nada, simplesmente a sua postura já tem um efeito.

Mas nós podemos fazer dinâmicas nas quais as crianças digam... Numa dinâmica de grupo, você pode passar todos os alunos, dizendo:

— Eu vejo você. Aqui você faz parte. Você é um de nós, agora. Você está aqui.

Falar isso do coração. A dinâmica pode existir. Aliás, essa dinâmica existe. Vários professores fazem essa dinâmica. Porque nós experimentamos todos os dias alunos que se sentem deslocados. E eles não se sentem deslocados, simplesmente, porque eles não estão bem na escola. Eles se sentem deslocados porque eles estão experimentando esse deslocamento também em suas casas, em suas famílias. Então, esse tipo de intervenção pode ser uma intervenção que ajuda essa criança a lidar com a questão, inclusive, na sua família.

Podemos fazer isso também em relação aos pais, por meio da orientação educacional. O orientador educacional pode detectar esse tipo de movimento na família se estiver olhando, de fato, para a família.

E aí, na escola, nós encontramos boas soluções dentro de sala de aula. Como, por exemplo, uma aproximação desse aluno. O aluno que se sente excluído, o aluno que se sente com dificuldade, ele não está se sentindo visto.

Mas quais são os professores que veem os alunos nas salas de aula? Quais são os professores que, de fato, veem, no sentido de chegar e olhar o caderno, a tarefa e, ao detectar que o aluno tem essa dificuldade, chegar até ele e, sem dizer "Eu vejo você", vê-lo a partir do que ele está produzindo, e se disponibilizando?

A questão é: "ver alguém" significa "se importar com". Ver alguém significa estar com o seu corpo disponível quando você está diante dessa pessoa. Qualquer um de nós já experimentou o que é estar diante de alguém indisponível, que não se ocupa com a nossa demanda, com a nossa necessidade. Com todo respeito às repartições públicas (em muitos dos serviços públicos estamos sempre demandando um tipo de serviço ou atenção que não encontramos), todos nós experimentamos o que é precisarmos de alguém que acha que não precisa de nós.

São muitos movimentos. Nós podemos fazer um movimento num nível maior na escola, quando nós incluímos todos, porque todos têm direito de fazer parte, de pertencer, porque todos precisam ser vistos. Nós podemos fazer um movimento dentro da sala de aula, em que os próprios alunos atuam em um movimento de inclusão. E nós podemos, silenciosamente, estar conectados a algo nessa criança que está excluída.

O que o professor, dentro da pedagogia sistêmica, pode fazer? Você pode, simplesmente, ficar disponível diante desse aluno, sem intenção. Simplesmente, sentir esse aluno. E internamente você traz uma imagem forte. Você diz sim a algo que está excluído nesse aluno, no sistema desse aluno. Há professores que fazem isso sem falar nada. A pedagogia sistêmica não precisa de fala. A pedagogia sistêmica não precisa de teoria. A pedagogia sistêmica não precisa de nenhum tipo de construção mirabolante. Basta você ver.

Empaticamente, significa que, quando eu estou diante de uma criança que está sofrendo, porque eu sinto ali uma exclusão e ela traz essa exclusão para a escola, imediatamente eu dou lugar no meu coração para aquele excluído, que para mim não tem importância qual seja, se é o pai, se é o avô, se é alguém que está sofrendo, se é o tio. Porque no sistema todos aqueles que estão esquecidos, todos aqueles que são condenados, todos aqueles que são desprezados, atuam na alma das crianças.

Quando eu olho e vejo (alguém viu, alguém deu lugar), então pode surgir uma solução, abre-se um espaço para algo. Mas isso não é uma teoria, é uma postura. É uma postura de dizer sim a algo que está acontecendo. Então nós atuamos num nível muito mais profundo do que no de um diagnóstico. Nós atuamos num nível muito mais profundo do que simplesmente a detecção de um déficit de atenção. E as crianças mudam.

Muitas crianças que trazem déficit de atenção e hiperatividade são crianças que não estão no seu lugar, porque perderam irmãozinhos que não são incluídos em suas famílias, pelos quais não foi plenamente vivenciado um luto. Então, crianças com dificuldade de cálculo matemático, discalculia, crianças com hiperatividade, muitas vezes são crianças que tiveram um ou dois irmãozinhos abortados (às vezes, abortos espontâneos) e elas sequer sabem. Mas elas estão conectadas a esse irmãozinho.

Houve um caso muito interessante aqui na nossa escola de um garotinho do fundamental I que, durante muito tempo, apresentava sintomas muito fortes de ansiedade. Ansiedade muito forte. E aí a mãe buscou recursos para lidar com a ansiedade da criança, com a dificuldade de aprendizagem dela. E, num trabalho de constelação familiar, essa mãe se deu conta de que ela tinha crianças para serem incluídas. Então, ela chama esse menino e diz para ele:

— Olha, antes de você teve o "fulaninho", que não nasceu, mas é o seu irmãozinho.

Em uma semana, os sintomas mais agressivos da ansiedade, no corpo dele, tinham desaparecido. E a fala dele para a professora foi:

— O "fulaninho" é meu irmão. Ele ocupa um lugar no meu coração do tamanho de um planeta.

Esse é o fenômeno da interconsciência. As crianças sabem. Uma criança que esteve no útero de uma mãe sabe que esse útero já foi ocupado. E para onde olha essa criança? A criança pode tomar ritalina, concerta, podemos oferecer diagnóstico, medicalizar, levar para o psiquiatra, psicólogo, mas, muitas vezes, um movimento de inclusão do pai e da mãe em relação ao irmão, ou do próprio professor, traz uma solução, e essa criança fica apaziguada. Essa criança fica disponível. Porque algo que estava faltando na alma dela aprende.

Então, esse movimento de inclusão é um movimento que permite que, no campo das relações, a gente dê um passo a mais. Um passo que é: se todos fazem parte, ninguém fique excluído. Esse é o movimento de uma sala de aula. Ninguém fica excluído. Todos aprendem. Quando todos aprendem, todos fazem parte. Quando estão todos juntos, sendo vistos, todos fazem parte.

Eu, como professor, coloco-me disponível para levar todos? Ou eu me contento a ficar só com alguns? E digo:

— Ah, essa parte não tem jeito. Esses são os que não aprendem de jeito nenhum. Esse fulano é uma maçã podre.

Incluir todos significa que, se um está excluído dentro de uma sala de aula, ele tem efeito em todo o grupo. Se um está dormindo, ele tem efeito em todo o grupo. Se um aluno é expulso injustamente, isso tem efeito em todo o grupo. Se um aluno é expulso por uma questão disciplinar e isso não é feito com muito respeito, que efeito isso tem sobre os alunos? Como eles se sentem?

Nós experimentamos, no ensino médio, uma situação em que três alunos se envolveram num evento muito desagradável em relação a um professor. E, como é muito importante que os alunos aprendam a lidar com as consequências, depois de avaliarmos a situação, os alunos foram desligados da escola.

Esse convite para sair da escola foi um convite muito desafiador. A mãe de um desses alunos nos procura tomada de muito engajamento pela defesa do filho. Num determinado momento, eu, pessoalmente, olhei para essa mulher e fiquei com um sentimento incongruente, com pena. Isso teve um efeito muito ruim, gerou muita indignação no grupo. Você diz: "Como é que você sabe disso?". Eu acompanhei o caso. Então, internamente, eu mudei a minha postura. Ao invés de ficar com pena, com dó dessa mãe, eu a chamei e disse:

— Seu filho vai sair. Ele cometeu um erro e ele vai responder pelo erro que ele cometeu.

Ele vai ficar fora um ano e meio. Se ele quiser voltar, ele vai ter que voltar com outra postura e com outras notas. Ela saiu indignada, mas a situação se resolveu e tudo foi apaziguado. Um ano e meio depois, esse aluno me procurou e me disse:

— Eu quero voltar.

Então, eu senti que esse aluno, de verdade, estava disponível para voltar para a escola. Ele voltou e teve um ano normal, muito bom. E os outros dois alunos também voltaram.

Participante – Você me pediu para falar da minha prática com a pedagogia sistêmica. Não sei se isso tem a ver, mas vou falar para você. Existe um campo que não me deixa falar tudo. E é um respeito que eu tenho pelo movimento que eu faço na sala de aula, pelas coisas que acontecem. Eu acho que isso tem a ver com a permissão das famílias com aquilo que eu estou fazendo. Algumas coisas eu não me sinto à vontade para falar. Outras, sim.

Quando você estava falando sobre a empatia, eu estava pensando sobre isso. Quando eu peguei essa turma, quando eu entrei no primeiro dia de aula, eles entraram e falaram:

— Olha, fulano já levou três advertências, já.

— É mesmo – me disse o garoto –, eu já levei três advertências.

E ele é um menino grande, alto assim.

— Ah, é? Três? Três é bastante.

E ele falou:

— É, três é bastante.

— É, mas, e aí?

— Ah, a gente só está falando...

— Então, é. Mas foi este ano que você tirou essas advertências?

— Não, foi no ano passado.

— Ah, então, no passado, que pena. Ou que bom, né? O passado ficou para lá e não posso ajudar. Mas, a partir de agora, vamos ver como é que ficam as coisas. Sente lá. Vamos começar...

Nesse dia, ele não se conformou com a minha resposta, porque, sei lá o que eu ia falar. Não sei o que ele pensou, mas eu também não dei, real-

UMA CRIANÇA DE CADA VEZ: EDUCAÇÃO EMOCIONAL E LIDERANÇA

mente, importância para aquilo. Aí ele se sentou. Eu fiz um movimento com as cadeiras, os lugares deles. Ele se sentou. Aí ele olhou para mim e disse:

— Eu acho que você não escutou o que eu falei. Você não escutou o que eu falei.

— O que é que você falou mesmo?

— Sobre a advertência.

— Eu vejo você (eu falei para ele). Eu vejo você o tempo todo e eu vejo o seu pai e a sua mãe em você.

— Ah, meu pai você não vê. Meu pai só viaja.

— Jura, para que é que ele viaja? Para passear?

— Não, para trabalho.

— Ah, então está a trabalho. Será que é para pagar esta escola que ele está a trabalho, também? Será que é para comprar as coisas que você gosta? Que pai, hein!

— É, eu não tinha pensado dessa forma.

— Pois é, ele está indo lá para isso. Ou você queria que ficasse em sua casa assistindo com você Netflix? Ou acho que ele não teria nem dinheiro para pagar Netflix. Ficar lá procurando emprego com você. Será que ele iria gostar?

— Claro que não.

— Então, ele não está viajando. Ele está trabalhando. Que pai que você tem, hein!

— É, eu não tinha, realmente, pensado dessa forma.

E continuamos... No outro dia, ele chegou e perguntou:

— Quanto você mede?

— Perto de você, eu acho que eu meço a mesma coisa que você. Mas, depende do que acontecer, eu cresço muito, ou eu diminuo muito. Depende do que acontecer.

— Ó, eu espero que você nunca cresça muito perto de mim.

— Fique tranquilo. A gente nunca vai chegar a esse ponto. Eu tenho certeza.

E ele está muito bem. Ele tem os momentos em que me testa. Vamos ver até onde esse relacionamento pode ser amizade, se eu posso ultrapassar. Aí eu mostro para ele.

— Aí não. Chega! Eu sou professora. Volta para o seu lugar.

E aí as coisas estão indo muito bem. E ele está muito bem. E ele era, digamos, um "problema". Realmente, foi um exercício de postura.

Voltando sobre a exclusão, que você estava falando sobre a empatia, tem outro caso na minha sala, em que o aluno está muito diferente. Ele está muito diferente. Eu pensei que podia ser comigo. Várias coisas eu pensei. Eu pensei no lugar que ele ocupa, o lugar onde se senta desde o início. Tirei do lugar em que estava. Não é. Percebi que não era, realmente, ali. Era outra coisa que estava acontecendo. Aí, um dia, eu olhei para ele e falei assim:

— O que está acontecendo? Algo acontece com você que você não está conseguindo ficar bem no colégio.

— Ah, são problemas particulares.

— Que são particulares, eu sei. Eu também não quero saber o que está acontecendo. Eu estou dizendo que eu estou percebendo que tem algo acontecendo. E eu não posso ajudar você no sentido de melhorar o que está acontecendo lá fora, mas eu posso ouvir você e o que eu posso fazer é dar aula para você. Eu sou apenas a professora. Mas se você precisar falar eu vou ouvir.

— Ah, você não vai entender. São problemas lá com a minha mãe.

E ele estava num julgamento muito forte com a mãe dele. Muito forte mesmo. Fiquei no meu lugar, porque, no momento, não senti nada que eu pudesse fazer. E eu só disse assim:

— Eu vejo você. Eu vejo o seu sofrimento e posso lhe falar que sou apenas a sua professora, e eu vou ajudar você a aprender. Nisso eu vou ajudar. Outras coisas, depende de você. Mas eu posso ajudar se você quiser ouvir.

UMA CRIANÇA DE CADA VEZ: EDUCAÇÃO EMOCIONAL E LIDERANÇA

Um dia, eu passei e, no meio do nada, ele falou para mim:

— É, minha mãe tem um irmão que quebrava a escola.

Eu falei:

— Jura?

— Como é o nome dele?

— É Vinicius.

— Vinicius era poderoso, então!

— Ah, minha mãe já falou para mim: "Ai de você se você ficar um terço parecido com o seu tio".

Eu falei:

— Nossa, Mateus. Mas parece que você está parecendo com ele. Parece que está, porque você já saiu da sala não sei que dia. Não sei quem falou não sei o que, não sei o que lá de você. Você está bem "parecidão" com ele. Traz uma foto dele para mim. Estou querendo conhecer porque eu acho que ele é legal.

— Ele fazia essas coisas assim, mas ele é superlegal. Quando eu vou lá na casa dele, quando a minha mãe me leva, gente, ele é muito legal. Ele faz isso comigo... E ele falou que, para sair para a escola, ele subia em cima da casa. Ninguém pegava ele, tia.

Eu falei:

— Jura? É uma casa pequena?

— Não, é uma casa grande.

— Então, né? Traz uma foto dele. Eu vejo o Vinicius em você. Ele é um cara 10. As coisas que ele fez na escola, a gente não pode falar porque falar do passado, a gente não pode mudar. Não sei como seria se eu fosse a professora dele.

— Tia, você teria levado ao diretor, com certeza.

— Ah, será? Não sei, mas acho que eu gosto do Vinicius. Traz uma foto dele para mim, para eu ver.

Aí ele olhou para mim e falou:

— Eu vou trazer a foto.

Ele se acalmou. Ele fez a atividade para a nota do livro. Acalmou. Sentou.

— Posso beber água, tia?

— Pode, vai.

Eu estava sentada na mesa e ele passou e fez assim, me deu um grande abraço.

— Ai, como você é fofinha.

E foi beber água. Então, assim, pode ser que não tenha ocorrido nada, mas o que eu quero dizer para todos vocês é que as coisas que acontecem dentro da escola, as coisas que acontecem na minha sala são por puro amor, por cada criança que está lá. E eu não quero mostrar nada para ninguém, eu não quero que ninguém pense nada.

A pedagogia sistêmica foi um divisor de águas na minha vida. Então, a pedagogia para mim, hoje, é uma outra coisa muito maior, que não está cabendo dentro de mim, não está cabendo dentro desta escola. Está pequeno. E que nada nem ninguém vai ser capaz de atrapalhar o que eu tenho para fazer na minha sala. Nada nem ninguém. Agora eu descobri que a minha maior missão é estar e ensinar. E é isso que eu quero fazer. Apenas ensinar, porque eu estou aqui para isso, para ensinar. Nada nem ninguém vai atrapalhar. Se acaso algo ocorrer ou me atrapalhar nessa função que eu quero tanto, que eu estou nela, então eu me disponho a sair, eu me disponho a ir para outro lugar porque eu quero ensinar, e somente isso.

Laureano – Gostaria de observar três coisas. A pedagogia sistêmica não faz nada, mas a nossa postura faz tudo. A segunda é que o que eu mais ouço na escola, quando eu atendo mães, é que estão magoadas (aí eu não entro nesse campo porque entendo que as mães têm o direito de sentir tudo o que elas sentem) com os pais. E estão excluindo esses pais. Elas dizem assim:

— Esse pai é um pai ausente.

E muitas mães casadas falam:

— Esse pai é um pai ausente.

E a primeira pergunta é:

— Mas ele dá pensão? Ele paga a conta? Ele trabalha?

Existe um movimento de estar fora de casa, mas estar para a família, de estar cuidando da família. Porque, sem discutir necessariamente a questão de gênero, os homens cuidam de uma forma diferente das mulheres. Quantos homens ficam tempos fora, não vêm no aniversário dos filhos. E qual o problema? Há um propósito para isso. Ele está presente, mais presente do que se, às vezes, estivesse fisicamente presente, mas sem a conexão, sem o compromisso, sem a doação.

A criança julga o pai na medida em que a mãe não dá espaço para que essa criança se conecte, não ao que esse pai faz, mas ao que esse pai transmite. Essa é a diferença. Então, esse fenômeno do pai ausente é muito interessante. Eu escuto muito isso na minha sala, e eu sempre trago imediatamente os pais, os homens, no meu coração, em todo atendimento. E, às vezes, trago as mães. Aquele que está excluído. Às vezes, o tio. Embora a gente não saiba quem é, a gente pode trazer e dar esse espaço, em nossas imagens internas.

A outra observação é sobre esse movimento de inclusão que está na postura de ver, "ver você", reconhecer e dar um lugar. Dar um lugar para alguém é algo muito mais poderoso do que a gente consegue imaginar. Como é que a gente dá esse lugar? Respeitosamente. Isso é o mais poderoso dentro de qualquer relacionamento, porque tudo aquilo que nós rejeitamos por ódio, por raiva ou por não concordância, nos diminui.

Experimente dar um lugar em você para as experiências ruins, para as pessoas que o prejudicaram, para as situações com as quais você não concorda. Experimente olhar e sentir e você vai ver como isso entra em você com força. O que Bert Hellinger diz: "Basicamente, tudo o que é veneno, tudo que não é bom fica de fora".

Então, você pode fazer esse movimento de inclusão. Na empatia, não basta eu querer entender o outro. Eu preciso dar um lugar para o outro dentro de mim. E aí, eu vou, então, partilhar, de maneira abundante, aquilo que eu tenho, que é aquilo que eu recebi dos meus pais.

Participante – Aconteceu um fato que, na hora do intervalo, um relou na camiseta, o outro não sentiu que foi pego. Aí ele falou:

— Eu não fui pego.

O outro falou:

— Eu peguei.

Estava nesse nível. Aí, na sala, eu tive que resolver isso porque estava muito forte. O outro foi chamado de trapaceiro etc. e tal. E na hora que eu comecei a falar...

— Tia, espera, depois a senhora fala.

Eles pediram:

— Pega o bastão da fala, tia.

— Então, tá. Você que foi pego, que disse que não foi pego.

Ele falou:

— Ah, tia. Eu não senti que ele pegou na minha camiseta. Eu não senti.

— Tá bom – eu falei – E o outro, vou passar para o outro que falou que pegou.

— Não, realmente eu peguei, eu relei na sua camiseta. Eu te·peguei.

Então, eu peguei o bastão da fala e disse:

— Eu, na minha opinião, os dois estão corretos, os dois não mentem. Como fica, então?

Aí o que pegou falou:

— Desculpa, eu achei que você tinha sentido, porque quando eu peguei eu achei que você tivesse sentido. Realmente, eu o peguei, mas você não sentiu, então eu considero que não o peguei.

Aí o outro pegou o bastão da fala e disse:

— Então, eu digo para você que eu não senti, mas eu acredito que você tocou na minha camiseta. Então, da próxima vez a gente zera. A gente zera e começa de novo.

Aí, o outro pegou o bastão da fala e confirmou:

— É isso mesmo. A partir de agora, quando a gente estiver brincando (eu acho que era bandeirinha), não sentiu que pegou, a gente zera. Combinado?

— Combinado.

E voltou a paz. O bastão da fala, realmente, traz esse poder de que o que eu estou falando é a verdade, não é mentira.

Laureano – Ok! Muito bom.

Participante – A minha percepção como orientadora educacional é que a pedagogia sistêmica nada mais é do que a conexão com o amor. E eu estou sentindo muito forte dizer isso, porque hoje e todos os dias nesta escola, eu estou presenciando como todos os nossos alunos têm a necessidade dessa escuta empática, de ser ouvido sem ser julgado. Sabe, isso é muito importante. E, quando fazemos essa escuta empática com eles, eles dão uma devolutiva muito grande. Temos avançado muito em relação à inclusão de todos os alunos novos do fundamental II. Há uma resistência dos alunos que já estudavam aqui, e estamos trabalhando essa questão:

— Nós vemos você. Você pertence a esse grupo.

Estamos fazendo a experiência de chamar uma aluna na frente, de fazer um trabalho de inclusão com essa aluna. A mãe estava ligando desesperada, dizendo:

— Ela não quer ir mais para a escola porque ela fica sozinha no intervalo. Nenhuma menina fala com ela.

E a questão das meninas em relação ao relacionamento é muito mais séria do que os meninos. Eles se resolvem entre eles e está tudo certo. As meninas, não. Elas resolvem entre elas. Elas saem, ainda continuam de ti-ti-ti, ta-ta-ta, de fofoquinhas, do disse-me-disse.

Assim, fizemos uma dinâmica emocionante. Eu trabalhei com a questão da exclusão, de cada um olhar para ela e falar:

— Você faz parte deste grupo. Você pertence a esta sala. Aqui você tem um lugar.

Ela chorava de soluçar, com o acolhimento de todos. Hoje, ela está junto, com todas as meninas, fazendo parte do grupo.

Hoje, Fábio e João brigaram durante o intervalo. Eu, na correria, não pude atendê-los na hora. E fui buscá-los, cada um, numa sala. Não tinha lugar para conversar porque eu queria silêncio. Eu vim aqui no refeitório. Fechei aqui a porta e sentei os dois na mesinha. Um de frente para o outro. E falei o seguinte:

— Fiquei sabendo que vocês brigaram hoje na hora do intervalo. Eu quero saber o que aconteceu.

— Ah...

— Um de cada vez. Quem vai falar primeiro é o Fábio.

— Porque desde o 2º, 3º, 4º, 5º, 6º eu sofro bullying. Eu não aguento mais. Aí eu pensei que era ele que estava me chamando de "viado", e não era, tia. E eu bati nele.

— E você, João?

— Sim. Ele passou todo nervoso na minha direção e me empurrou e eu falei: "Ô, cara, você não me viu?". E bati nele.

Os dois brigaram. E eu falei:

— Escuta, isso é certo? É assim que nós resolvemos as nossas questões?

— Ah, não, mas eu não aguento mais.

Aí eu disse:

UMA CRIANÇA DE CADA VEZ: EDUCAÇÃO EMOCIONAL E LIDERANÇA

— João, o que você pode fazer para ajudar o Fábio? Porque olha para você ver o que aconteceu, João. Ele já está numa situação emocional tão forte. Já não está mais aguentando os amigos pressionarem ele tanto. O que nós podemos fazer para ajudar o Fábio?

Aí o João virou para mim e falou assim:

— Toca aqui, cara. A partir de hoje eu prometo que vou ajudar você. Todos os que ficarem xingando ele, eu vou contar para você.

E eu falei:

— É isso aí.

É uma coisa incrível essa questão da conexão do amor, porque eles vêm e me falam tudo, de quem está excluindo.

— Precisamos ajudar tal colega, ela está sozinha.

É como a sinergia acontece. E é tudo com amor. Quando você faz algo de dentro, aqui, para você ver resultado, as coisas funcionam. Logicamente que cada um tem seu ritmo, cada criança tem o seu funcionamento fisiológico, conectivo... Mas o amor, gente, o amor resolve. Devagarzinho, eles estão em sinergia, estão brigando menos, eles estão preocupados no agir deles.

Nos sétimos anos, os alunos estavam se pegando demais. Eles são muito amigos, mas eles brigavam. Com brincadeiras, eles acabavam se machucando. A gente fez um trabalho... muito de acolhimento, de se colocar no lugar do outro.

Então, essa escuta empática é fundamental. Você olhar e resolver as coisas na conversa, no diálogo, na afetividade. O adolescente não gosta que altere a voz para ele. Há muitos casos de alunos que sentem a ausência do pai, precisam enfrentar os conflitos entre os pais.

Laureano – Muitas crianças ficam fora de lugar quando se acredita na ausência do pai, por exemplo. Quando um menino assume um lugar que ele não tem força para assumir. Eu não tenho força para assumir o lugar que o meu pai tinha. Ao contrário. A força me vem por eu estar no meu lugar de pequeno. Nós vivemos um tempo em que uma grande quantidade de pais quer se apoiar nos filhos. E, principalmente, buscam o apoio dos filhos porque têm discordâncias com o pai ou a mãe. E as discordâncias e as críticas levam a buscar um apoio numa criança que não tem essa força, um adolescente que não tem condição alguma de fazer algo que só um adulto pode fazer.

Então, no caminho do desenvolvimento pessoal, a gente vai observar que, para sairmos de uma situação de dependência, seja do ponto de vista biológico ou emocional, e chegarmos a construir relações de interdependência, nós temos um aprendizado na relação com o amor.

Assim, vamos ver agora como nós nos desenvolvemos dentro dos cinco círculos do amor.

OS CINCO CÍRCULOS DO AMOR

Segundo Bert Hellinger, existem cinco círculos do amor, pelos quais nós passamos. Esses círculos nos levam de uma situação infantil para uma situação adulta. Quando crescemos, se tomamos, se recebemos ativamente tudo aquilo que o nosso sistema familiar nos dá, por meio dos nossos pais, dos nossos avós, dos nossos tios, nós conseguimos construir, então, um caminho de autonomia, estando no nosso lugar, sem estar no lugar de ninguém.

Dentro de um continuum de construção da maturidade, os cinco círculos do amor são estágios que nós percorremos. Não é possível pular ou saltar esses círculos.

Se não faz um determinado círculo, a gente passa para outro nível, mas sem um aprendizado necessário. Então, a gente vai experimentar resistência e dificuldades. Nós vamos observar esses cinco círculos do amor para encerrar o trabalho sistêmico.

A minha ideia é que a gente percorra os cinco círculos do amor, para entendermos porque isso está conectado ao nosso servir. Eu vou propor que a gente faça duas ou três meditações curtas. O que significa que eu vou explicar e você simplesmente vai ficar tranquilo no seu corpo, fechar os olhos e eu vou conduzir uma meditação, uma visualização para você fazer. Em relação à sua história, ao seu pai e à sua mãe e à relação de casal, para quem tem casal, quem está como casal. Mesmo quem está separado, pode fazer também a meditação. É uma meditação que o Bert Hellinger conduz. Vocês estão disponíveis?

No programa de liderança, quando falamos do continuum da maturidade, falamos de sair de uma condição de dependência, ganhar independência e compreender a interdependência. É um processo em que nós vamos e voltamos. Há momentos na vida nos quais a gente está mais dependente. Há momentos nos quais a gente tem uma independência muito construída, assentada, e há momentos em que a gente tem clareza de que está tudo certo, porque todas as pessoas com as quais nós nos encontramos, todas as experiências que nós temos, são experiências de pessoas certas. Nada do que acontece conosco acontece sem que algo maior nos mova.

Nas tradições espirituais isso é chamado de "Não cai um fio de cabelo sem que uma vontade maior consinta". De verdade, quando nós percorremos nossas histórias e todos os eventos que estão na nossa vida, nós podemos sentir que algo maior nos move, sem a necessidade de nomearmos isso, porque nomear significa entrar em campos morais, que são válidos, importantes e que servem a pessoas, grupos e famílias, mas que, quando olhamos para toda a humanidade, é mais amplo do que tudo isso.

Primeiro círculo: os pais

Os cinco círculos do amor foram trazidos por Bert Hellinger para entendermos que, para sairmos de um círculo para outro círculo precisamos de um aprendizado. E o primeiro círculo do amor é o círculo dos pais. Nesse círculo, nós aprendemos a tomar e a pedir.

De novo, eu quero falar para vocês do verbo "tomar", que, do alemão "nehmem", significa um recebimento ativo (HELLINGER; TEN HÖVEL, 2014, p. 63). Quando eu tomo algo, eu tomo concordando, assumindo, incorporando aquilo que eu recebo. Não é simplesmente receber algo, mas é receber ativamente algo. Como não existe na língua portuguesa a precisão do alemão, os tradutores da Editora Atman fizeram esse trabalho de escolher a palavra que melhor representa quando nós, em relação aos nossos pais, tomamos, assumimos, incorporamos.

Quando nós olhamos para os nossos pais e nossos antepassados e, principalmente, olhamos para os nossos pais, visualizando que tudo começa com o amor recíproco de nossos pais como casal, constatamos que foi o amor de casal, o amor recíproco entre eles, que nos permitiu nascer. Eles nos geraram e eles nos acolheram como filhos. Eles nos nutriram. Eles nos protegeram por longos anos. Receber, tomar esse amor de nossos pais...

No primeiro círculo, desenvolvemos esse aprendizado, do pedir. Quando nós tomamos dos nossos pais tudo aquilo que eles nos deram, o que eles nos deram? Eles foram pais perfeitos porque eles nos transmitiram a vida. E, ao transmitir a vida, eles são perfeitos. E essa vida vem também por meio de nossos avós e nossos bisavós. Porque todos os pais que transmitiram a vida transmitiram perfeitamente. Então, esse tomar significa que não recusamos nenhuma experiência. Todas as experiências que vieram são experiências válidas. Nós recebemos dos nossos pais a vida que eles nos deram, e as demais experiências estão disponíveis, e nós somos gratos. Olhar para os nossos pais e nossos antepassados e dizer amorosamente a eles "obrigado, obrigado" conecta-nos com a gratidão e podemos sentir como isso nos dá força.

Vou pedir para vocês fecharem os olhos.

> Fecho os olhos e volto à minha infância. Contemplo o início de minha vida. O início foi o amor de meus pais, como homem e mulher. Eles foram atraídos um pelo outro por um forte instinto, por algo muito poderoso que atuou por trás deles. Contemplo essa força que os uniu e me curvo diante dela. Contemplo como meus pais se uniram e como resultei dessa união, com gratidão e amor.

> Depois meus pais me aguardaram, com esperança e também com receio, esperando que tudo corresse bem. Minha mãe me deu à luz, com dores. Meus pais se contemplaram e se admiraram: "Essa é a nossa criança?" Então disseram: "Sim, você é nossa criança, e nós somos seus pais". Eles me deram um nome, deram-me seu sobrenome e disseram por toda parte: "Este é o nosso filho". Desde então pertenço a essa família. Eu tomo minha vida como membro dessa família.

> A despeito de todas as dificuldades que ocorreram, sobretudo em minha infância, a vida em si não sofreu dano. Essas dificuldades podem exigir muito de mim. Quando, porém, contemplo tudo o que pesou – por exemplo, ter sido entregue a outras pessoas ou não ter conhecido o meu pai – eu digo sim a isso, da maneira como aconteceu, e com isso recebo uma força especial. Então encaro meus pais e digo: "O essencial eu recebi de vocês. Eu reconheço tudo o mais que vocês fizeram, seja o que for, mesmo que tenha envolvido alguma culpa. Eu reconheço que isso também pertence à minha vida e concordo com isso".

> Sinto, em meu interior, que sou os meus pais, que os conheço por dentro. Posso me imaginar, por exemplo: onde em mim eu sinto a minha mãe? Onde em mim eu sinto o meu pai?

> Dos dois, quem está mais em evidência e quem está mais escondido? Permito que ambos fiquem em evidência, encontrem-se e se juntem em mim, como meu pai e minha mãe. Em mim eles permanecerão sempre juntos. Posso alegrar-me com isso. Eu os tenho realmente em mim.
>
> Seja o que for que tenha ocorrido em minha infância, digo sim a isso. Afinal, tudo se ajeitou. Isso me fez crescer. Além de meus pais, muitas pessoas me ajudaram. Quando meus pais não estavam disponíveis, de repente havia um professor ou uma tia em seu lugar. Ou então alguém na rua me perguntou: "O que há com você, criança?" Essa pessoa cuidou de mim, levou-me talvez de volta para casa. Eu tomo todas essas pessoas, junto com meus pais, em meu coração e em minha alma. De repente, sinto em mim uma grande plenitude. Quando tomo tudo isso com amor, sinto-me inteiro e em harmonia. Esse amor está em mim e se desenvolve em mim. (HELLINGER; TEN HÖVEL, 2014, p. 64).

Essa é uma meditação conduzida por Bert, que nos conecta diretamente com essa possibilidade. Nossos pais estão aqui em nós. Quando a gente sente essa força que não está atrás, acima, ao lado. Quando a gente fala para colocar o pai e mãe atrás, é só um reconhecimento de que o nosso corpo é o corpo das células do nosso pai, da nossa mãe, como a vida chegou até nós. E isso nos traz uma força especial. Aprender a tomar tudo o que veio, pelo preço que custou, é um exercício de percorrer esse círculo, e então poder caminhar para o segundo círculo.

Segundo círculo: a infância e a puberdade

O segundo círculo é a infância e a chamada puberdade. O círculo em que aprendemos a servir. Se aprendemos a pedir, aprendemos o caminho do mundo. Quando eu não tive sucesso, eu não aprendi a pedir. Então, eu não tomei o amor do meu pai e da minha mãe.

Aqui, principalmente, o amor que nos guia é o amor da mãe, que é a felicidade, que é a realização. É a gratidão. É o primeiro amor. Não que a mãe seja mais do que o pai, mas o pai, então, fica alegre porque ele também tomou o amor da mãe e percorreu esse caminho.

O segundo círculo incorpora o primeiro círculo. É o movimento de concordância com tudo o que aconteceu na nossa infância e na nossa puberdade, do jeito que foi, sem a gente fazer nenhuma exigência, nenhuma crítica, nenhuma reclamação.

Aquilo que aconteceu, tudo o que os nossos pais nos deram, todo o cuidado que eles tiveram, tudo isso faz parte. Todo o sofrimento, a dor, a necessidade de se afirmar, tudo aquilo que foi dificuldade e desafio nos trouxe aqui, fortaleceu-nos.

Nesse círculo, nós vamos nos confrontar com o fato de que, ao recebermos tudo o que nós recebemos dos nossos pais, tomando tudo o que nós recebemos, a gente pode decidir o seguinte: eu vou fazer algo bom com isso. Segundo Bert, muitas vezes, uma criança, um adolescente, não toma tudo o que vem dos pais porque ele não quer, ele não se sente capaz de compensar à altura. Ele acha demais e ele não percebe que a única forma de compensarmos tudo o que a vida nos deu é fazer algo bom com isso. É nos colocar a serviço.

Então, ostra que foi ferida produz pérola. Tudo aquilo que foi desafio, foi dificuldade, eu transformo em recurso. Quando eu aceito isso em mim, isso ganha força e eu posso fazer algo com isso. Eu posso, por exemplo, transmitir a vida que eu recebi, fazendo o maior serviço para a vida, que é dar continuidade. Mesmo que eu não tenha filhos, porque ter filhos é um tremendo serviço para a vida, eu posso servir a vida de outra forma. Servir por meio dos meus alunos. Servir por meio de causas. Servir à vida fazendo algo que vai além.

Então, o segundo círculo nos leva para esse movimento de concordância com tudo o que foi. Quando eu quero excluir as experiências ruins e difíceis, eu excluo toda a força que vem com elas. Quando eu excluo algo do meu sistema familiar, eu excluo toda a força que vem com ele. Por isso, os excluídos são reapresentados dentro dos nossos sistemas para que a gente possa olhar, porque há uma consciência, que é chamada de consciência arcaica, consciência que está desde o início conduzindo a nossa vida, que não permite que ninguém se perca. Todos fazem parte. Então, nós somos conduzidos nesse círculo.

O segundo círculo do amor, então, significa tomar, principalmente, esse sentido do servir. Aqui, nós vamos ter como verbo o serviço. E o serviço é, sobretudo, a alegria de ter a mãe. Uma pessoa que está conectada à mãe, uma pessoa que está conectada à alegria da mãe, que é grata à vida, ela faz. Ela realiza. Ela é feliz fazendo o que ela faz. E isso gera o quê? Isso gera sempre algo para o mais.

Vocês estão disponíveis para mais um meditação? Estão disponíveis? Sim? É uma meditação que você pode fazer voltando à sua infância. E você pode fazer mais de uma vez. Você encontra no livro do Bert Hellinger, Um lugar para os excluídos. Você pode fazer em casa, como a gente está fazendo aqui. Não de imediato, mas daqui a um tempo você pode fazer de novo. Você, simplesmente, recolhe-se. Feche os olhos.

> Fecho os olhos e me recolho. Passo a passo, como se desce os degraus de uma escada, retorno à minha infância. Passo a passo. Talvez eu encontre situações onde sinto uma dor ou fico intranquilo. Espero nesse ponto, até que surja uma imagem do que aconteceu nessa época. Muitos traumas da primeira infância estão associados a situações em que fomos deixados sós ou não conseguimos chegar aonde queríamos ou precisávamos.
>
> Agora imagino essa criança, que sou eu mesmo, e olho para minha mãe. Sinto meu amor por ela e o impulso de aproximar-me dela. Olho em seus olhos e lhe digo simplesmente: "Eu lhe peço!". Algo se movimenta na fantasia interior, tanto na mãe quanto em mim mesmo. Talvez ela dê um passo em minha direção, e eu ouse dar um passo para perto dela. Entro nessa vivência, até que interiormente chego a meu objetivo e relaxo nos braços de minha mãe. Então olho para ela e digo: "Agradeço!". (HELLINGER; TEN HÖVEL, 2014, p. 67).

Relaxe... Relaxe e fique serenamente com sua mãe. Mexa o seu corpo. Quando você se sentir pronto, então você retorna aqui. (pausa).

Terceiro círculo: o casal

O terceiro círculo do amor é o aprendizado do dar e do tomar. É o relacionamento do casal. É quando nós equilibramos aquilo que nos falta, compensando as fraquezas, com as nossas habilidades. Na relação de casal, na relação a dois, o que nós fazemos? Nós aprendemos a trocar. Aqui há bastante equilíbrio.

Esse é um processo que a gente não faz todo de uma vez. Pode repetir isso daqui a alguns dias, umas semanas. Talvez você encontre uma situação mais antiga ainda. Isso está dentro de você. Conecte-se com isso. Peça, agradeça, descanse com a sua mãe.

Se você percorrer o primeiro e o segundo círculos, então você está pronto para o terceiro.

O terceiro, a relação de casal, é uma relação que exige que a gente passe pelos círculos anteriores, porque o terceiro círculo, para a gente dar e tomar, é um círculo de adultos. E a gente aprende, de fato, a dar e a tomar. Eu dou algo e tomo algo. Eu não dou necessariamente para tomar. Eu dou e tomo. E na relação de casal, muitas vezes, é mais difícil tomar do que dar. Às vezes, a gente quer dar porque é mais fácil. Quem dá se sente, às vezes, numa condição superior.

É muito importante que, na relação de casal, nessa relação adulta, a gente saiba que precisa do outro. Eu preciso do outro. Eu preciso tomar algo. A gente se torna mais humilde quando reconhece que precisa. E toma. E equilibra.

Aqui, nós precisamos voltar ao amor dos nossos pais. Para termos autonomia, a gente precisa olhar de novo para os nossos pais, e receber deles, com gratidão, tudo o que eles nos deram. E entender que, na relação de casal, eu preciso olhar para os pais do meu parceiro e agradecer do fundo do coração a vida do meu parceiro. Honrar os pais e o sistema do meu parceiro, para que a gente possa, então, olhar, um nos olhos do outro, e então continuarmos juntos.

No terceiro círculo do amor, o aprendizado, é, na aprendizagem da troca, ser capaz de honrar o outro e ver o outro com tudo o que ele tem. Ele não é melhor. Ele não é pior. Ele simplesmente é diferente e o diferente também é válido.

Como pessoas adultas, a gente deve saber dar, também sem receber algo que o outro não pode nos dar. Isso nos torna fortes para sermos pais e sermos mães. Porque, afinal de contas, qualificar-se para ser pai e mãe é, exatamente, essa capacidade, essa possibilidade de doar. E saber que o outro, às vezes, não vai poder retribuir.

Quando tanto o homem quanto a mulher tomaram os pais e se tornaram, de fato, um casal, eles deixam fluir tudo o que veio da família de um e da família do outro. E, então, passa para os seus filhos.

Quem é casado pode fazer esse exercício agora, se quiser. É um exercício bonito.

> Coloco-me diante de meu parceiro e olho primeiro para a direita, para os meus pais. Meu parceiro está diante de mim. Por sua vez, ele também olha primeiro para a direita, para seus pais, e vivencia de novo o processo de tomar o amor de seus pais. Depois de olhar para meus pais e também para meus ancestrais, olho para os pais do parceiro e para os seus ancestrais. Vejo tudo o que eles lhe deram, e como ele se enriqueceu com isso. De repente, algo muda em nossa relação, pois meu parceiro me aparece de outra maneira, e o amor de seus pais também se manifesta nele.
>
> Ao mesmo tempo, vejo também o lado difícil que lhe pesou, o que lhe aconteceu. Vejo isso como algo que ele toma para si, como uma força, e o que parecia tão pesado permanece fora. O mesmo faço com o que é pesado para mim. Então nos olhamos de novo nos olhos. Eu lhe digo: sim. E ele me diz: sim. Ambos nos dizemos mutuamente que agora estamos prontos um para o outro. (HELLINGER; TEN HÖVEL, 2014, p. 71).

Quando você se sentir pronto, abra os olhos, volte para a sala...

Quarto e quinto círculos: os filhos e o mundo

Então, vêm os filhos...

O quarto círculo do amor significa aprender a conduzir. Os filhos nos ensinam isso. Nós vamos conduzir. E o quarto círculo do amor significa que, depois que a gente tomou uma mulher, tomou um homem, e construiu uma família, é fundamental que a gente concorde com todas as pessoas da nossa família como elas são, inclusive com todos os excluídos e com todos os difamados. Todos os que pertencem à minha família ganham um lugar na minha alma, inclusive os rejeitados, desprezados e esquecidos. Todas as nossas famílias têm alguém assim. E o quarto círculo significa fazer esse movimento de incluir a todos, de reconhecer a todos. Porque, aí, os nossos filhos e as gerações que virão ganham a força de todos que pagaram um preço para que nós estivéssemos aqui. Essa grande cascata de recursos dos nossos ancestrais. Se fizermos isso, então, podemos olhar para o mundo e, principalmente, para a relação com o mundo, que é o amor dirigido à humanidade, concordar com o mundo do jeito que é.

Esse é um movimento muito importante. Às vezes, a gente pula as etapas. A gente quer se engajar em um movimento para mudar o mundo, mas a gente ainda nem recebeu o amor dos pais. A gente ainda nem aprendeu na nossa infância. A gente ainda nem construiu a família. Mas a gente quer mudar o mundo.

De fato, aqui, quando eu coloco a minha vida em ordem, quando eu estou estruturado, eu estou liberado para poder olhar para o mundo e perceber que nós somos uma grande família. E esse amor dirigido a toda a humanidade, esse amor universal, é um amor que está a serviço de incluir a todos. Se nós olharmos para o planeta Terra (7,2 bilhões de seres humanos), todos pertencem a essa casa. Todos têm iguais direitos. Todos querem ser felizes. Assim como eu quero ser feliz, todos os seres humanos querem ser felizes. Todos têm direito a pertencer, a viver nesse círculo. Se entendermos isso, vamos compreender que somos uma vasta teia interdependente. E aí, no continuum da maturidade, nós não veremos nenhum ser humano como estrangeiro. Nós não veremos nenhum ser humano como alguém que não seja igualmente como nós.

Então, o que podemos oferecer? O que podemos oferecer é o nosso servir. Concordar com o mundo, do jeito que é, é concordar com o mundo sem intenção e sem julgamento. Quando eu estou sem intenção diante de alguma coisa, quando eu concordo com aquilo que é, algo acontece. Talvez, a imagem que nos venha seja: "Mas eu não vou agir contra uma injustiça?". Eu posso agir, mas sem julgar. Se alguém precisa da minha ajuda imediata, eu vou lá e faço algo. Eu atuo. Mas o mundo existe há alguns bilhões de anos. 13.7 bilhões, o universo. Nosso planeta, uns cinco bilhões. A vida é transmitida e continua. Quando nós concordamos com a vida, nós podemos fazer algo por isso, principalmente com gratidão e alegria.

A nossa postura é: como nós podemos ajudar a humanidade? Como nós podemos atuar na interdependência? Fazendo o nosso melhor no lugar onde nós estamos. Qual é o lugar onde nós estamos? Na minha casa, com minha mulher, com meu marido, com minha família, com meus filhos, com meus parentes; no meu trabalho, na minha cidade, no meu lugar. No meu lugar, eu tenho força. No meu lugar, eu posso servir. No meu lugar, eu faço a diferença no mundo. Essa é a visão do sistema no qual eu estou inserido, do ponto de onde eu tenho força para agir. Eu consigo fazer isso. E eu vou fazer isso de maneira alegre e grata. E nisso existe uma força especial. Por quê? Porque nós percebemos que nós somos movidos por poderes superiores. Todos nós somos. Somos movidos por uma força maior.

FIGURA 9: JOÃO GABRIEL E ANANDA. COM GIULIA, QUE PERDEMOS NA PRIMEIRA GRAVIDEZ... SÃO O MEU MAIOR LEGADO PARA A VIDA
FONTE: o autor

Participante – Uma pergunta: e eu, que pulei o quarto círculo? Eu não tenho filhos. Eu pulei, no sentido literal...

Laureano – No quarto círculo, quando a gente fala dos filhos, a gente fala de uma comunidade maior. Você não teve os filhos, mas você tem todos os seus alunos, que representam o seu serviço nesse círculo. O Bert Hellinger não teve filhos, e ele serve à vida, à comunidade, serve à humanidade, com a obra dele, com o trabalho dele. Há sacerdotes que não têm filhos e vivem plenamente o quarto e o quinto círculos. Há pessoas que fazem a opção celibatária. Então, o serviço à vida, a maternidade e a paternidade, tornam-nos pessoas a serviço da vida de uma maneira extraordinária, mas não é a única forma de servir. Aqueles que não servem dessa forma podem servir com outra relação, igualmente válida, e tão importante quanto.

Participante – Uma coisa que me deixou confuso. Talvez você tenha falado e eu não tenha pegado. Quando nós falamos para uma criança que nós reconhecemos os pais nele... E quando ele é adotado, como é que funciona isso? Às vezes, a gente nem sabe que ele é adotado. Como é que é esse trato?

Laureano – Esse é um capítulo grande... Mas honrar a história da criança é algo que você pode fazer serenamente, sem falar. É dar lugar à vida e ser grato. A vida chegou a essa criança por meio de um casal. Quando eu sou grato a esse casal, eu entendo que ele me deu um presente. Se eu adoto uma criança e me torno sua mãe ou o seu pai, isso foi possível porque alguém gerou essa vida e por algum motivo não ficou. E, às vezes, os pais não ficam com as crianças por um amor profundo, porque eles sabem que eles podem prejudicar essa criança. Eles sabem que eles podem ferir essa criança. Então eles, simplesmente, abrem mão disso. Às vezes, eles entregam por amor. Mas a nossa postura é que todos os seres humanos vêm à vida e nós cuidamos. Quando eu me torno uma mãe ou um pai adotivo, eu posso fazer isso olhando para a criança com profundo amor, e ela vai sentir.

Tudo bem?

Eu agradeço a disponibilidade de vocês.

Eu queria dizer para vocês que esta escola, que são as nossas três unidades, porque todos somos um, todos fazemos parte do mesmo campo... Esta escola, ela não é melhor, mas quem entra aqui sabe que existe um propósito de olhar para as pessoas, e isso está presente em todos. Isso aparece nas soluções que a gente consegue encontrar para muitos problemas. A despeito de errarmos muito, a gente também consegue muitas soluções boas, porque nós não estamos aqui por nada além de servir.

Participante – Esse olhar sobre a vida, sobre o trabalho, sobre o que a gente faz como professor, ele é muito simples e muito complexo. Ele é muito óbvio no sentido de ordem, de equilíbrio, de inclusão. Mas ele é tão complexo, porque se você olha para esse pensamento, para esse olhar sistêmico, mas se você fica aqui (na mente), você não consegue. O segredo é sair daqui (da mente) e vir para cá (para o coração). Você consegue fazer esse movimento porque existe um fio que caminha. Algo acontece. Você sente que há algo. O desafio maior é a gente conseguir sair daqui (da mente) e vir para cá (para o coração). Então, a pedagogia sistêmica é muito mais do que anotar, atividades, falas... é sentir. Porque quando você sente, como a Eliane falou, você até esquece o que acontece na sala, porque se cria um campo do qual você sai. Você está ali e diz: "Nossa, aconteceu!". Você sente que aconteceu. É muito diferente isso. E as pessoas mudam. As pessoas mudam dentro da escola, na vida, no mundo.

Laureano – De verdade, eu agradeço por você falar isso, porque 98% do que a gente faz na escola não é intelectual, é relacional. Dois por cento talvez seja tudo o que o currículo brasileiro exige de nós. Então, quando saímos dos nossos julgamentos, podemos entender que nós não estamos diante de uma mãe difícil ou de uma criança com problema ou de um pai contrariado. Nós estamos diante de alguém que, assim como nós, também quer ser feliz e fazer algo e dar algo. E quando nós sabemos que estamos nos encontrando com pessoas, com seres humanos iguais a nós, então nós encontramos espaço para enxergar no outro o que também é força, o que nos move. E isso torna, traz boas soluções.

Participante – Eu queria falar uma coisa: estar aqui, trabalhar aqui, estudar aqui, faz a diferença. Gratidão!

Laureano – E assim a gente encerra. Obrigado! Obrigado!

REFERÊNCIAS

COVEY, Stephen R. **Os sete hábitos das pessoas altamente eficazes**. São Paulo: Best Seller, 2001.

COVEY, Stephen. **Os 7 hábitos das pessoas altamente eficazes**: Lições poderosas para a transformação pessoal. Rio de Janeiro: Best Seller, 2014.

FRANKE-GRICKSCH, Marianne. **Você é um de nós**: percepções e soluções sistêmicas para professores, alunos e pais. 3. ed. Belo Horizonte: Atman, 2014.

GUERREIRO, Laureano. **A educação e o sagrado**: a ação terapêutica do educador. Rio de Janeiro: Lucerna, 2002.

GUERREIRO, Laureano. **Educar para a condição humana**. Lorena: Diálogos do Ser, 2009.

HELLINGER, Bert. **Olhando para a alma das crianças**. Belo Horizonte: Atman, 2015.

HELLINGER, Bert; TEN HÖVEL, Gabrielle. **Um lugar para os excluídos**: conversas sobre os caminhos de uma vida. 3. ed. Belo Horizonte: Atman, 2014.